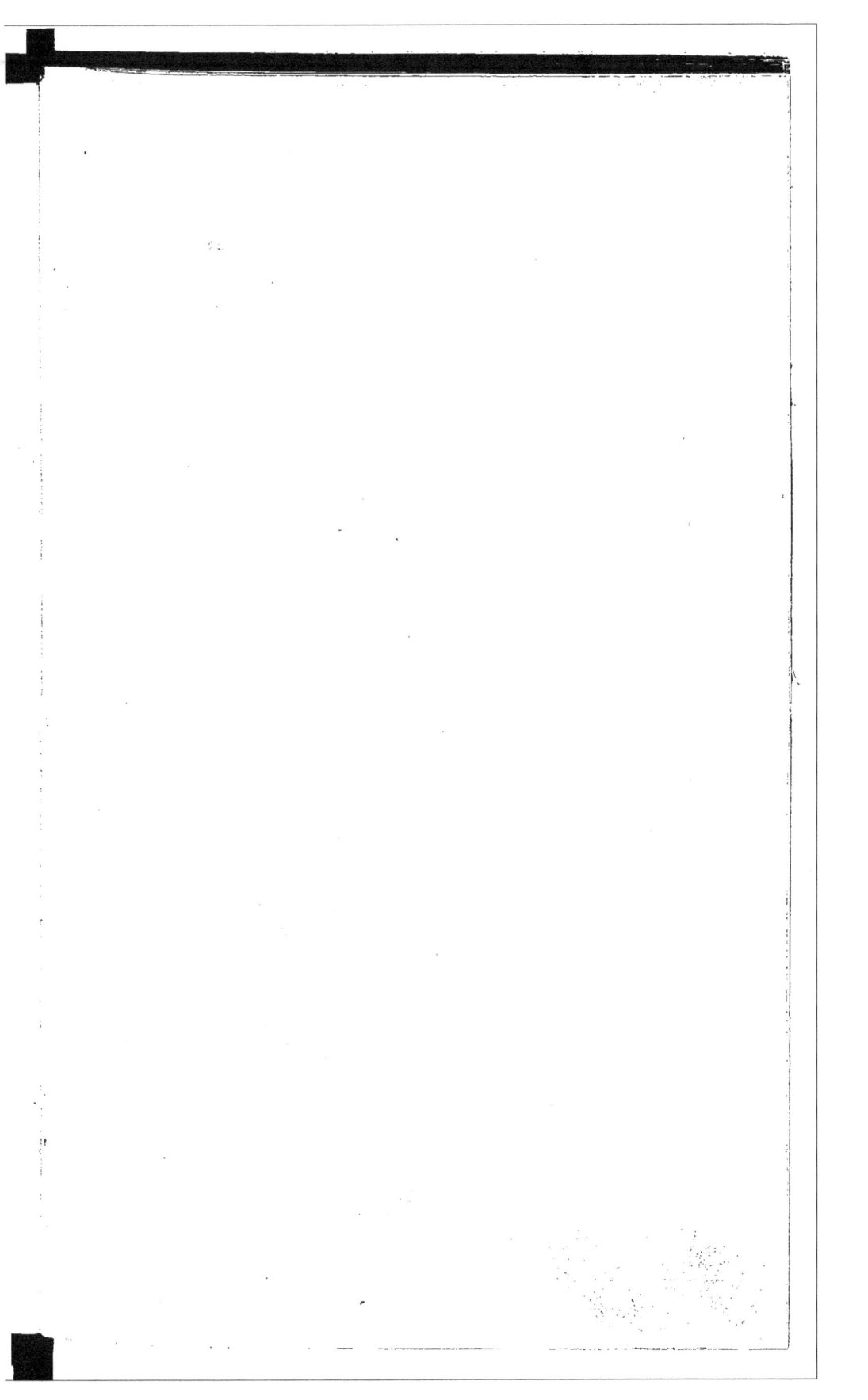

F 34164

LES CRIMES CÉLÈBRES.

MADAME DE BAWR.

Édition format Charpentier à 5 fr. le volume.

Nouvelles contenànt : Louise, Michel Perrin, une Réjouis-sance en 1770, la Mère Nacquart, Rose et Thérèse, le Schelling, Maria Rosa, 1 vol. . . . . 3 fr.

Ces nouvelles sont, par le charme du récit, à la hauteur des Nouvelles gene-voises. L'ÉDITEUR.

Robertine, nouvelle édition, 1 vol. . . . . . 3 fr.
Raoul, ou l'Enéide, nouvelle édit. 1 vol . . . . . 3 fr.
Mes Souvenirs (*inédits*) 1 vol. . . . . 3 fr.
Soirées des Jeunes Personnes. 1 vol. . . . 3 fr.
Ouvrage couronné par l'Académie Française.

CYPRIEN ROBERT.

Professeur de littérature Slave au Collége de France.

Les Slaves de Turquie, Serbes, Monténégrins, Bosniaques, Albanais et Bulgares ; édition de 1844 , précédée d'une introduction nouvelle sur leur situation pendant et depuis leurs insurrections de 1849 à 1851. Paris, 1852, 2 vol. in-8. . . . . 10 fr.

Cet ouvrage est l'un des meilleurs qui existent sur la question d'Orient. Fruit d'un séjour de plusieurs années dans la Turquie d'Europe, il a pour but de faire connaître les huit millions de montagnards qui couvrent les balkans de l'A-driatique à la mer Noire.

Le Monde Slave, Russe, Polonais, Bohême et Illyrien ; son passé, son état présent et son avenir. 2 vol. in-8. . . . 10 fr.
La Pologne, 1 vol. in-4. . . . . 5 fr.

M. BOITARD.

Collaborateur du Musée des Familles.

Guide-Manuel de la bonne Compagnie, du bon Ton et de la Politesse. 1 vol. petit in-8 nouveau produisant le format Charpentier. . . . . 3 fr.

Les Vingt-Six Infortunes de Pierrot. 1 vol. format Charpentier. . . . . 3 fr.

Ouvrage de bonne et fine plaisanterie, qui excite l'hilarité depuis la première jusqu'à la dernière page, et qui devra avoir sa place dans toutes les bibliothèques, à côté de *Jérôme Paturot*.

WASHINGTON IRVING.

Esquisses morales et littéraires, ou Observations sur les mœurs, les usages et la littérature des Anglais et des Américains. 2 vol. in-8°. . . . . 8 fr.

NOTA. Il ne reste plus que des exemplaires d'occasion, reliés ou brochés.

Impr. de E. Dépée, à Sceaux.

LES CRIMES CÉLÈBRES.

LES

BORGIA

par

ALEXANDRE DUMAS.

3

PARIS

PASSARD, LIBRAIRE-ÉDITEUR,

7, RUE DES GRANDS-AUGUSTINS.

1854

LES BORGIA.

Suite.

Cependant, tel qu'il était et presque sans troupes à Imola, les confédérés n'osèrent rien tenter contre César, soit par la crainte qu'il inspirait personnellement, soit qu'ils respectassent en lui l'ami du roi de France ; ils se contentèrent donc de s'emparer des villes et des forteresses environnantes. Vi-

tellozzo avait repris les forteresses de
Fossombrone, d'Urbin, de Cagli et d'A-
gobbio ; Orsino et Gravina avaient recon-
quis Fano et toute la province ; enfin,
Jean-Marie de Varano, le même qui, par
son absence, avait échappé au massacre
de toute sa famille, était rentré à Camerino, porté en triomphe par son peuple.

Rien de tout cela ne détruisit la confiance que César avait dans sa fortune, et
tandis que d'un autre côté il pressait l'arrivée des troupes françaises, et appelait à
sa solde tous ces petits gentilshommes
qu'on appelait des *lances brisées*, parce
qu'ils couraient le pays avec cinq ou six

cavaliers seulement, s'engageant au service de quiconque avait besoin d'eux, il avait entamé des négociations avec ses ennemis, certain que du jour où il les amènerait à une conférence ils étaient perdus. En effet, César avait reçu du ciel le don fatal de la persuasion; de sorte que, si bien prévenu que l'on fût de sa duplicité, il n'y avait pas moyen de résister, non pas à son éloquence, mais à cet air de franche bonhomie qu'il savait si bien prendre et qui faisait l'admiration de Machiavel, lequel si profond politique qu'il fût, se laissa plus d'une fois tromper par elle. Pour engager Paul Orsino à venir traiter à Imola, il envoya donc aux confédérés le cardinal Bor-

gia en ôtage; aussi Paul Orsino n'hésita-
t-il plus et arriva-t-il à Imola le 25 octobre
1502.

Le duc de Valentinois le reçut comme
un ancien ami, dont on a été séparé quelques jours par des discussions légères et
momentanées; il avoua avec franchise que
tous les torts étaient sans doute de son
côté, puisqu'il s'était aliéné des hommes
qui étaient à la fois de si loyaux seigneurs
et de si braves capitaines; mais, entre
gens comme eux, il ajouta qu'une explica-
tion franche et loyale, comme celle qu'il
donnait, devait remettre toutes choses
dans le même état qu'auparavant. Alors,

et comme preuve que ce n'était point la crainte, mais son bon vouloir, qui le ramenait à eux, il montra à Orsino les lettres du cardinal d'Amboise qui lui annonçaient l'arrivée prochaine des troupes françaises ; il lui fit voir celles qu'il avait rassemblées autour de lui, désirant, ajouta-t-il, qu'ils fussent bien convaincus que ce qu'il regrettait le plus dans tout cela, ce n'était pas tant la perte qu'il avait faite de capitaines si distingués, qu'ils étaient l'âme de sa vaste entreprise, que d'avoir, d'une manière si fatale pour lui, laissé croire au monde qu'il pouvait un seul instant avoir méconnu leur mérite ; qu'en conséquence, il se fiait à lui, Paul Orsino, qu'il

avait toujours aimé entre tous, pour ramener les confédérés à une paix qui serait
aussi profitable à tous que la guerre était
nuisible à chacun, étant prêt à signer avec
eux tout' accommodement qui ne serait
pas préjudiciable à son honneur.

Orsino était l'homme qu'il fallait à César ; plein d'orgueil et de confiance en lui-
même, il était convaincu du vieux pro-
verbe qui dit que : — Un pape ne peut régner huit jours, s'il a contre lui à la fois
les Colonna et les Orsini. — Il crut donc,
sinon à la bonne foi de César, du moins à
la nécessité où il était de revenir à eux ; en
conséquence, sauf ratification, il signa

avec lui, le 18 octobre 1502, les conventions suivantes, que nous reproduisons
telles que Machiavel les envoya à la magnifique république de Florence.

ACCORD ENTRE LE DUC DE VALENTINOIS ET LES CONFÉDÉRÉS.

« Qu'il soit notoire, aux parties men-
tionnées ci-dessous, et à tous ceux qui ver-
ront les présentes, que son excellence le
duc de Romagne d'une part, et de l'autre
les Orsini, ainsi que leurs confédérés, désirant mettre fin à des différends, des ini-
mitiés, des mésintelligences et des soupçons qui se sont élevés entre eux, ont résolu ce qui suit :

» Il y aura entre eux paix et alliance véritables et perpétuelles, avec un complet oubli des torts et des injures qui peuvent avoir eu lieu jusqu'à ce jour, se promettant réciproquement de n'en conserver aucun ressentiment, et en conformité desdites paix et union, son excellence le duc de Romagne reçoit dans ses confédération, ligue et alliance perpétuelles, tous les seigneurs précités ; et chacun d'eux promet de défendre les États de tous en général et de chacun en particulier contre toute puissance qui voudrait les inquiéter ou attaquer pour quelque cause que ce fût, exceptant toujours néanmoins le pape Alexandre VI et sa Majesté très chrétienne

Louis XII, roi de France : promettant
d'autre part, et dans les mêmes termes,
les seigneurs sus-nommés, de concourir à
la défense de la personne et des États de
son Excellence, ainsi qu'à celle des illus-
trissimes seigneurs don Guiffry Borgia,
prince de Squillace, don Rodric Borgia,
duc de Sermoneta et de Biselli, et don
Borgia, duc de Camerino et de Nepi, tous
frères ou neveux de son excellence le duc
de Romagne.

« De plus, comme la rébellion et l'en-
vahissement du duché d'Urbin et de Camerino sont arrivés pendant les susdites
mésintelligences, tous les confédérés pré-

cités et chacun d'eux s'obligent à concourir de toutes leurs forces au recouvrement des états ci-dessus et autres places et lieux révoltés et envahis.

» Son excellence le duc de Romagne s'oblige à continuer, aux Orsini et aux Vitelli, leurs anciens engagements de service militaire et aux mêmes conditions.

» Elle promet, de plus, de n'obliger qu'un d'entre eux, à leur choix, de servir en personne; le service que pourront faire les autres sera volontaire.

» Elle s'engage aussi à faire ratifier le

second traité, par le souverain pontife,
qui ne pourra obliger le cardinal Orsino à
demeurer dans Rome qu'autant que cela
conviendrait à ce prélat.

» En outre, comme il existe quelques
différends entre le pape et le seigneur Jean
Bentivoglio, les confédérés précités,
conviennent qu'ils seront remis à l'arbitrage sans appel du cardinal Orsino, de
son Excellence le duc de Romagne, et du
seigneur Pandolfo Petrucci.

» S'engagent aussi les confédérés précités, tous et chacun d'eux, aussitôt qu'ils
en seront requis par le duc de Romagne,

à remettre entre ses mains, comme ôtage, un des fils légitimes de chacun d'eux, et dans le lieu et dans le temps qu'il lui plaira d'indiquer.

» Promettant, de plus, les mêmes confédérés, tous et chacun d'eux, si quelque projet tramé contre l'un d'eux venait à leur connaissance, de l'en avertir et de s'en prévenir tous réciproquement.

» Il est convenu, outre cela, entre le duc de Romagne et les susdits confédérés, de ragarder comme l'ennemi commun quiconque manquerait aux présentes stipulations, et de concourir tous à la ruine des États qui ne s'y conformeraient pas.

« *Signé*, CÉSAR, PAUL ORSINO, AGAPIT, *secrétaire*. »

En même temps qu'Orsino reportait aux confédérés le traité rédigé entre lui et le Valentinois, Bentivoglio, ne voulant pas se soumettre à l'arbitrage indiqué, offrait à César de terminer leurs différends par un traité particulier, et lui envoyait son fils pour en rédiger les conditions : après quelques pourparlers, elles furent arrêtées ainsi qu'il suit :

Bentivoglio détacherait sa fortune de celle des Vitelli et des Orsini ;

Il fournirait pendant huit ans au duc de Valentinois cent hommes d'armes et cent arbalétriers à cheval ;

Il payerait douze mille ducats par année à César pour l'entretien de cent lances.

Moyennant quoi, son fils Annibal épouserait la sœur de l'évêque d'Enna, qui était nièce du duc de Valentinois, et le pape reconnaîtrait sa souveraineté sur Bologne.

Le roi de France, le duc de Ferrare et la république de Florence devaient être les garants de ce traité.

Cependant la convention qu'Orsino reportait aux confédérés éprouvait de leur
part de vives difficultés; Vitellozzo Vitelli
surtout, qui était celui qui connaissait le
mieux César, ne cessait de répéter aux autres condottieri que cette paix était trop
prompte et trop facile pour ne pas cacher
quelque piège; mais comme pendant ce
temps le duc de Valentinois avait amassé
une armée considérable à Imola, et que
les quatre cents lances que lui prêtait
Louis XII étaient enfin arrivées, Vitellozzo
et Oliverotto se décidèrent à signer le
traité apporté par Orsino et à le faire si-
gnifier au duc d'Urbin et au seigneur de
Camerino, qui, comprenant qu'il leur était

désormais impossible de se défendre seuls,
se retirèrent l'un à Città di Castello, et
l'autre dans le royaume de Naples.

Cependant le duc de Valentinois, sans
rien dire de ce qu'il comptait faire, se mit
en route le 10 décembre, se dirigeant sur
Césène avec la puissante armée qu'il avait
réunie sous son commandement. Aussitôt
tout commença de s'épouvanter, non-seulement en Romagne, mais dans toute l'Italie septentrionale : Florence, qui le voyait
s'éloigner d'elle, craignait que cette marche n'eût d'autre but que de déguiser son
intention ; et Venise, qui le voyait s'appro-
cher de ses frontières, avait envoyé toutes

ses troupes sur les rives du Pô. César s'a-
perçut de cette crainte, et comme elle pouvait nuire à ses projets en inspirant de la
défiance, il congédia en arrivant à Césène
tous les Français qui étaient à son service,
à l'exception de cent hommes d'armes que
commandait M. de Candale, son beau-
frère ; de sorte qu'il se trouva n'avoir plus
antour de lui que deux mille hommes de
cavalerie et dix mille fantassins.

Quelques jours se passèrent en pourparlers, car le duc de Valentinois avait trouvé
dans cette ville des envoyés des Vitelli et
des Orsini, lesquels étaient à la tête de leur
armée dans le duché d'Urbin ; mais, dès

les premières discussions sur la marche à
suivre dans la continuation de la conquête,
il s'éleva de telles difficultés entre le général en chef et ces agents, qu'ils comprirent eux-mêmes qu'on ne pouvait rien arrêter par intermédiaires, et qu'une conférence entre César et l'un des chefs était
urgente. En conséquence, Oliverotto da
Fermo se risqua, et vint joindre le duc de
Valentinois pour lui proposer de marcher
sur la Toscane ou de s'emparer de Sinigaglia, qui était la dernière place du duché
d'Urbin qui ne fût pas retombée au pouvoir de César. César répondit qu'il ne voulait point porter la guerre en Toscane,
parce que les Toscans étaient ses amis,

mais qu'il approuvait le projet de ses lieu-
tenants sur Sinigaglia : en conséquence, il
se mit en marche pour Fano.

Cependant la fille de Frédéric, précé-
dent duc d'Urbin, qui tenait la ville de Sinigaglia, et qu'on nommait la préfétesse,
parce qu'elle avait épousé Jean de la Rovère, que son oncle Sixte IV avait nommé
préfet de Rome, jugeant qu'il lui serait
impossible de se défendre contre les forces
qu'amenait avec lui le duc de Valentinois,
laissa la citadelle aux mains d'un capitaine,
à qui elle recommanda d'obtenir pour la
ville les meilleures conditions possibles, et
s'embarqua pour Venise.

Le duc de Valentinois apprit cette nouvelle à Rimini, par un messager de Vitellozzo et des Orsini, qui lui annonça que le
gouverneur de la citadelle, qui avait refusé
de la leur remettre, était tout prêt à traiter
avec lui : qu'en conséquence, ils l'enga-
geaient à se rendre dans cette ville pour
terminer cette affaire. César leur fit répondre qu'en conséquence de l'avis qu'ils
lui donnaient, il renvoyait à Césène et à
Imola une partie de ses troupes, qu'elles
lui étaient inutiles, puisqu'il avait les leurs,
qui, réunies à l'escorte qu'il gardait, seraient suffisantes, n'ayant point d'autre
projet que la pacification complète du duché d'Urbin ; mais que cette pacification

était impossible si ses anciens amis conti-
nuaient à se défier de lui, au point de ne
débattre que par des agents intermédiaires
des plans auxquels leur fortune était inté-
ressée, aussi bien que la sienne. Le messager retourna avec cette réponse vers les
confédérés, qui, tout en sentant la vérité
de l'observation de César, n'en hésitèrent
pas moins à faire ce qu'il demandait; Vitellozzo Vitelli surtout montrait contre le
duc de Valentinois une défiance que rien
ne semblait pouvoir vaincre; enfin, pressé
par Oliverotto, Gravina et Orsino, il consentit à attendre le duc; mais cela bien plutôt pour ne point paraître à ses compagnons plus timides qu'ils ne l'étaient eux-

mêmes, que par l'effet de la confiance qu'il avait dans ce retour d'amitié que manifestait Borgia.

Le duc apprit cette décision, tant désirée par lui, en arrivant à Fano, le 20 décembre 1502. Aussitôt il appela près de lui huit de ses plus fidèles, parmi lesquels étaient MM. d'Enna, son neveu, Michelotto et Ugo de Cardona, et leur ordonna, aussitôt qu'il seraient arrivés à Sinigaglia, et qu'ils verraient Oliverotto, Gravina, Vitellozzo et Orsino venir au-devant de lui, d'avoir, comme pour leur faire honneur, à se placer à leur droite et à leur gauche, deux pour un seul, de manière à ce qu'ils pus-

sent, à un signal donné, ou les arrêter ou
les poignarder ; puis il désigna à chacun
d'eux celui auquel il devait s'attacher, leur
recommandant de ne le quitter que lorsqu'il serait entré dans Sinigaglia, et arrivé
au logement préparé pour lui ; puis, en-
voyant des ordres à ceux de ses soldats qui
étaient cantonnés dans les environs, il leur
fit savoir qu'ils eussent à se rassembler au
nombre de huit mille sur les rives du Mé-
taure, petit fleuve de l'Ombrie qui se jette
dans la mer Adriatique, et qu'a illustré la
défaite d'Asdrubal.

Le duc arriva au rendez-vous donné à
son armée le 31 décembre, et fit partir aus-

sitôt devant lui deux cents hommes de cavalerie, fit marcher l'infanterie immédiatement après elle ; puis, se mit à son tour
en route au milieu de ses gens d'armes,
suivant le bord de l'Adriatique, et ayant à
sa droite les montagnes et à sa gauche la
mer, quelquefois si resserrées entre elles,
au reste, que l'armée ne pouvait passer à
plus de dix hommes de front.

Au bout de quatre heures de marche, le
duc, à un tournant du chemin, aperçut Sinigaglia, située à un mille de la mer à peu
près, et à un trait de flèche des montagnes ; entre l'armée et la ville coulait une
petite rivière, dont il fallut quelque temps

côtoyer les bords en les descendant ; enfin il trouva un pont jeté en face d'un faubourg de la ville ; là le duc de Valentinois ordonna à sa cavalerie de s'arrêter : elle se plaça sur deux files, l'une entre le chemin et le fleuve, l'autre du côté de la campagne, laissant toute la largeur de la route à l'infanterie, qui défila, passa le pont, et, s'enfonçant dans la ville, alla se mettre en bataille sur la grande place.

De leur côté, Vitellozzo, Gravina et Oliverotto, pour faire place à l'armée du duc, avaient cantonné leurs soldats dans de petites villes ou des villages aux environs de Sinigaglia ; Oliverotto seul avait conservé

à peu près mille fantassins et cent cinquante cavaliers qui avaient leur caserne
dans le faubourg par lequel entrait le
duc.

A peine César avait-il fait quelques pas
vers la ville, qu'il aperçut à la porte Vitellozzo, le duc de Gravina et Orsino qui venaient au devant de lui ; les deux derniers
assez gais et confiants, mais le premier si
triste et si abattu, qu'on eût dit qu'il devi-
nait le sort qui l'attendait ; et sans doute,
en effet, en avait-il eu quelques pressenti-
ments, car, au moment où il quitta son
armée pour venir à Sinigalia, il lui avait
fait ses adieux comme s'il ne devait pas la

revoir, avait recommandé sa famille à ses capitaines, et avait embrassé ses enfants en versant des larmes ; faiblesse qui avait paru étrange à tous de la part d'un si brave condottiere.

Le duc marcha à eux et leur tendit la main en signe d'oubli, et avec un air si loyal et si riant, que Gravina et Orsino ne conservèrent plus aucun doute sur le retour de son amitié, et qu'il n'y eut que Vitellozzo Vitelli qui demeura dans la même tristesse Au même instant, et comme la chose leur avait été recommandée, les affidés du duc prirent leur place à la droite et à la gauche de ceux qu'ils devaient sur-

veiller, et qui étaient tous là, à l'exception
d'Oliverotto, que le duc ne voyait pas et
commençait à chercher des yeux avec in-
quiétude ; mais, en traversant le faubourg,
il l'aperçut qui exerçait sa troupe sur la
place. Aussitôt il lui dépêcha don Michele
et M. d'Enna, qui étaient chargés de lui
dire qu'il était imprudent de faire sortir
ainsi ses troupes, qui pouvaient se prendre
de querelle avec celles du duc et amener
une rixe ; que mieux valait, au contraire,
les consigner dans leurs casernes et venir
rejoindre ses compagnons qui étaient près
de César. Oliverotto, que son destin en-
traînait avec les autres, ne fit aucune objec-
tion, ordonna à ses soldats de rentrer dans

leurs logements, et mit son cheval au ga-
lop, escorté de chaque côté par M. d'Enna
et par Michelotto, pour rejoindre César.
César, dès qu'il le vit, l'appela, lui tendit la
main, et continua sa marche vers le palais
qui lui était destiné, ayant ses quatre vic-
times à sa suite.

Arrivé au seuil, César descendit le premier, et, ayant fait signe au chef de ses
gens d'armes d'attendre ses ordres, il entra le premier, suivi d'Oliverotto, de Gravina, de Vitellozzo Vitelli et d'Orsino, chacun toujours accompagné de ses deux
acolytes; mais à peine eurent-ils monté
l'escalier et furent-ils entrés dans la pre-

mière chambre, que la porte se referma derrière eux, et que César se retourna en disant : — Voilà l'heure ! — C'était le signal convenu. Aussitôt chacun des anciens confédérés fut saisi et renversé, et, le poignard sur la gorge, forcé de rendre ses armes.

En même temps, et tandis qu'on les conduisait dans un cachot, César ouvrit la fenêtre, et, s'avançant sur le balcon, cria au chef de ses gens d'armes : — Allez. Le chef était prévenu, il s'élança avec sa troupe vers les casernes où l'on venait de consigner les soldats d'Oliverotto, et ceux-ci, surpris sans défiance et à l'improviste, furent aussitôt faits prisonniers; puis la troupe du duc se mit à piller la ville ; et lui fit appeler Machiavel.

Le duc de Valentinois et l'envoyé de Florence demeurèrent à peu près deux heures enfermés ensemble, et comme Machiavel lui-même raconta le sujet de cette entrevue, nous allons rapporter ses propres paroles :

« Il me fit appeler, dit le légat florentin, et me témoigna, de l'air le plus serein, la joie que lui causait le succès de cette entreprise, dont il m'assura m'avoir parlé la veille, ce que je me rappelai, quoique *je*

*n'eusse pas compris alors ce qu'il voulait me
dire ;* il s'expliqua ensuite, en termes très
sensés et pleins de la plus vive affection
pour notre ville, sur les divers motifs qui
lui faisaient désirer votre alliance, désir
auquel il espérait que vous répondriez. Il
a fini par m'engager à faire trois invita-
tions à vos seigneuries : la première, que
vous vous réjouissiez avec lui d'un événe-
qui faisait disparaître d'un seul coup les
mortels ennemis du roi, les siens et les
vôtres, et qui détruisait toutes les semen-
ces de trouble et de dissensions propres à
dévaster l'Italie ; service qui, joint au refus
qu'il avait fait aux prisonniers de marcher
contre vous, devait exciter votre recon-

naissance à son égard ; la seconde, de vous
prier de lui donner, dans cette circonstance, une preuve éclatante de votre amitié, en faisant pousser votre cavalerie vers
Borgo, et en y rassemblant des troupes de
pied, afin de pouvoir, selon le besoin, marcher avec lui sur Castello ou sur Pérouse.
Il désire enfin, et c'est la troisième chose
qu'il réclame de vous, que vous fassiez arrêter le duc d'Urbin, s'il se réfugiait de
Castello sur vos terres, en apprenant la
détention de Vitellozzo. Comme je lui ob-
jectais qu'il ne serait point de la dignité de
la république de le lui livrer, et que vous
n'y consentiriez jamais, il approuva mon
observation, et me dit qu'il suffisait que

III   3

vous le retinssiez et ne lui rendissiez pas
la liberté sans sa participation. J'ai promis
à son excellence de vous mander tout ceci,
dont elle attend la réponse. »

La même nuit, huit hommes armés descendirent dans le cachot où étaient les
prisonniers, qui crurent alors que l'heure
fatale était venue pour tous. Mais les bourreaux n'avaient affaire pour le moment
qu'à Vitellozzo Vitelli et à Oliverotto.
Lorsqu'on signifia à ces deux capitaines
leur condamnation, Oliverotto éclata en
reproches contre Vitellozzo Vitelli, lui
disant que c'était lui qui était cause qu'il
avait pris les armes contre le duc ; quant

à Vitellozzo Vitelli, la seule chose qu'il
dit, fut qu'il priait le pape de lui accorder
indulgence plénière pour tous ses péchés.
Alors, les hommes masqués les firent sortir tous deux, laissant Orsino et Gravina
attendre à leur tour un sort pareil, et em-
menèrent ces élus de la mort dans un lieu
écarté, en dehors des remparts de la ville,
où ils furent étranglés, et où on les enterra
aussitôt dans deux fosses creusées d'a-
vance à cet effet.

Les deux autres avaient été gardés vi-
vants jusqu'à ce qu'on sût si le pape avait,
de son côté, fait arrêter le cardinal Orsino,
l'archevêque de Florence et le seigneur de

Sainte-Croix : aussi, dès qu'on eut reçu de Sa Sainteté la réponse affirmative, Gravina et Orsino, qui avaient été transférés au château de la Pièvre, furent étranglés à leur tour.

Quant au duc, après avoir laissé ses instructions à Michelotto, il était parti de Sinigaglia aussitôt la première exécution faite, en assurant à Machiavel qu'il n'avait jamais eu d'autre pensée que celle de rendre la tranquillité à la Romagne et à la Toscane, et qu'il croyait y avoir réussi par la prise et la mort de ceux-là qui étaient la cause de tous les troubles ; et que, quant aux autres révoltes qui pourraient avoir lieu désormais, ce ne seraient que des étincelles qu'une goutte d'eau pourrait éteindre.

Le pape eut à peine appris que César tenait ses ennemis entre ses mains, que, pressé à son tour de gagner la même partie, il fit annoncer au cardinal Orsino, quoiqu'il fût minuit, que son fils s'était emparé de Sinigaglia, et qu'il l'invitait à venir le lendemain dès le matin causer avec lui de cette bonne nouvelle. Le cardinal, enchanté de cet accroissement de faveur, n'eut garde de manquer au rendez-vous donné. En conséquence, dès le matin il monta à cheval pour se rendre au

Vatican ; mais, au détour de la première rue, il rencontra le gouverneur de Rome avec un détachement de cavalerie qui se félicita du hasard qui leur faisait faire même route., et l'accompagna jusqu'au seuil du Vatican ; là le cardinal mit pied à terre, et commença de monter l'escalier ; mais à peine fut-il au premier palier, que déjà ses mules et ses équipages étaient saisis et enfermés dans les écuries du palais.

De son côté, en entrant dans la salle du Perroquet, il se trouva, ainsi que toute sa suite, environné d'hommes armés qui le conduisirent à une autre salle qu'on appelait la salle du Vicaire, et où il trouva l'abbé Alviano, le protonotaire Orsino,

Jacques Santa-Croce et Rinaldo Orsino,
qui étaient prisonniers comme lui ; en
même temps le gouverneur recevait l'ordre de s'emparer du château de Monte-
Giordano qui appartenait aux Orsini, et
d'en enlever tous les bijoux, toutes les ten-
tures, tous les meubles et toute l'argenterie
qui s'y trouveraient.

Le gouverneur s'acquitta en conscience
de cette commission, et apporta au Vatican tout ce dont il s'était emparé, jusqu'au
livre de comptes du cardinal. En consul-
tant ce livre, le pape s'aperçut de deux
choses : l'une, qu'une somme de deux
mille ducats était due au cardinal, sans

qu'il y eût le nom du débiteur, et l'autre,
que le cardinal avait acheté, trois mois
auparavant, pour quinze cents écus romains, une magnifique perle qui ne se re-
trouvait point parmi les objets qui étaient
en son pouvoir ; en conséquence, il ordonna qu'à compter de cette heure, et jusqu'au
moment où cette négligence dans les comptes du cardinal serait réparée, les hommes
qui lui apportaient deux fois par jour à
manger, de la part de sa mère, n'entre-
raient plus au château Saint-Ange. Le
même jour, la mère du cardinal envoya
au pape les deux cents mille ducats, et, le
lendemain, sa maîtresse vint, sous des habits d'homme, apporter elle-même la perle

réclamée. Mais Sa Sainteté, émerveillée de sa beauté sous ce costume, la lui laissa, à ce qu'on assure, pour le même prix qu'elle l'avait payée une première fois.

Quant au cardinal, le pape permit qu'on lui apportât, comme par le passé, sa nourriture, de sorte qu'il mourut empoisonné le 22 février, c'est-à-dire le surlendemain du jour où ses comptes avaient été réglés. Le soir de sa mort, le prince de Squillace se mit en route pour prendre possession, au nom du pape, des terres du défunt.

Cependant le duc de Valentinois avait

continué sa route vers Città di Castello et
Pérouse, et s'était emparé de ces deux
villes sans coup férir ; car les Vitelli s'é-
taient enfuis de la première, et Jean-Paul
Baglione avait abandonné la seconde sans
même essayer de faire résistance. Restait
encore Sienne, où s'était enfermé Pandolfo
Petrucci, le seul qui restât de tous ceux
qui avaient signé la ligue contre lui.

Mais Sienne était sous la protection des
Français. En outre, Sienne n'était pas des
Etats de l'Eglise, et César n'avait aucun
droit sur elle. Il se contenta donc d'exiger
que Pandolfo Petrucci quittât la ville et
se retirât à Lucques, ce qui fut exécuté.

Alors, tout étant tranquille de ce côté, et la Romagne entière étant soumise, César Borgia résolut de retourner à Rome, pour aider le pape à se défaire de ce qui restait des Orsini.

La chose était d'autant plus facile, que Louis XII, ayant éprouvé des revers dans le royaume de Naples, avait désormais trop à s'occuper de ses propres affaires pour s'inquiéter de celles de ses alliés. Aussi César, faisant pour les environs de la capitale du saint-siége ce qu'il venait de faire pour la Romagne, s'empara-t-il successivement de Vicovaro, de Cera, de Palombera, de Lanzano et de Cervetti ; de

sorte que, cette conquête achevée, César,
n'ayant plus rien à faire et ayant soumis
les Etats pontificaux depuis les frontières
de Naples jusqu'à celles de Venise, revint à
Rome, pour concerter avec son père les
moyens de convertir son duché en
royaume.

César y arriva tout juste pour partager
avec Alexandre la succession du cardinal
Jean Michel, qui venait de mourir empoisonné par un échanson qu'il avait pris des
mains du pape.

Le futur roi d'Italie trouva son père
préoccupé d'une grande spéculation : il

avait , pour la solennité de Saint-Pierre ,
résolu de faire neuf cardinaux. Or, voilà
ce qu'il avait à gagner à cette nomination :

D'abord les cardinaux nommés laissaient tous des charges vacantes : ces
charges retombaient entre les mains du
pape, qui les vendait.

Chacun des nouveaux élus achetait son
élection plus ou moins cher , selon sa fortune ; le prix , laissé au caprice du pape,
variait de dix mille à quarante mille ducats.

Enfin, comme, devenus cardinaux , ils

avaient, d'après la loi, perdu le droit de tester, le pape n'avait qu'à les empoisonner pour hériter d'eux ; ce qui le mettait dans la position du boucher qui , lorsqu'il a besoin d'argent , n'a qu'à égorger le mouton le plus gras de son troupeau.

La nomination eut lieu : les nouveaux cardinaux furent Giovanni Castellar Valentino, archevêque de Trani ; Francesco Remolino, ambassadeur du roi d'Aragon ; Francesco Soderini, évêque de Volterra ; Melchior Copis, évêque de Brissina ; Nicolas Fiesque, évêque de Fréjus ; Francesco de Sprate , évêque de Leome : Adriano Castellense, clerc de la chambre, trésorier

général et secrétaire des brefs ; Francesco
Loris , évêque d'Elva , patriarche de Con-
stantinople et secrétaire du pape ; et Gia-
comi Casanova , protonotaire et camérier
secret de Sa Sainteté.

Le prix de leur simonie payé et les charges qu'ils avaient laissées vacantes ven-
dues, le pape fit son choix sur ceux qu'il
devait empoisonner ; le nombre fut fixé à
trois, un ancien et deux nouveaux : l'ancien était le cardinal Casanova, et les nouveaux messeigneurs Melchior Copis et
Adriano Castellense, qui avait pris le nom
d'Adrien de Corneto de cette ville où il
était né, et, qui, dans ses charges de clerc

de la chambre , de trésorier général et de
secrétaire des brefs , avait amassé une immense fortune.

En conséquence, ces choses arrêtées entre César et le pape , ils firent inviter ceux
qu'ils avaient choisis pour être leurs convives à venir souper dans une vigne située
près du Vatican, et qui appartenait au
cardinal de Corneto ; dès le matin de ce
jour, qui était le 2 août, ils avaient envoyé
leurs serviteurs et leur maître d'hôtel faire
tous les préparatifs , et César avait remis
lui-même au sommelier de Sa Sainteté
deux bouteilles de vin préparé avec cette
poudre blanche qui ressemblait à du sucre,

et dont il avait si souvent éprouvé les pro-
priétés mortelles, lui recommandant de ne
servir ce vin que lorsqu'il le lui dirait et
qu'aux personnes qu'il lui indiquerait : à
cet effet, le sommelier avait mis le vin sur
un buffet à part, recommandant sur toute
chose aux valets de ne point y toucher, ce
vin étant réservé pour le pape.

Vers le soir, Alexandre **VI** sortit à pied
du Vatican, appuyé sur le bras de César,
et se dirigea vers la vigne, accompagné
du cardinal Caraffa ; mais, comme la chaleur était grande et la montée un peu
rude, le pape, en arrivant sur la plate-
forme, s'arrêta un instant pour reprendre

haleine ; à peine y était-il, qu'en portant la
main sur sa poitrine, il s'aperçut qu'il avait
oublié dans sa chambre à coucher une
chaîne qu'il avait l'habitude de porter au
cou, et à laquelle pendait un médaillon
d'or où était enfermée une hostie consa-
crée. Cette habitude lui venait d'une pré-
diction qu'un astrologue lui avait faite,
que tant qu'il porterait une hostie consa-
crée, ni le fer ni le poison ne pourraient
avoir prise sur lui ; se voyant donc séparé
de son talisman, il ordonna à monseigneur
Caraffa de courir à l'instant même au Vatican, lui indiquant dans quel endroit de
sa chambre il l'avait laissé, afin qu'il l'y
prît et le lui apportât sans retard. Puis,

comme la marche l'avait altéré, tout en
faisant signe de la main à son envoyé de
hâter le pas, il se retourna vers un valet et
lui demanda à boire ; César , qui , de son
côté aussi, était altéré, lui commanda
d'apporter deux verres.

Or, par un hasard étrange, il était arrivé
que le sommelier venait de retourner au
Vatican pour y prendre des pêches magni-
fiques dont on avait fait le jour même ca-
deau au pape, et qu'il avait oublié d'apporter avec lui ; le valet s'adressa donc au
sous-sommelier , lui disant que Sa Sainteté et monseigneur le duc de Romagne
avaient soif et demandaient à boire. Alors

le sous-sommelier, voyant deux bouteilles de vin à part, et ayant entendu dire que ce vin était réservé au pape, prit une des bouteilles, et, faisant porter par le valet deux verres sur un plateau, leur versa de ce vin qu'ils burent l'un et l'autre sans se douter que c'était celui qu'il avaient préparé eux-mêmes pour empoisonner leurs convives.

Pendant ce temps, monseigneur Caraffa courait au Vatican, et, comme il était familier au palais, montait à la chambre du pape, une lumière à la main et sans être accompagné d'aucun domestique. Au tournant d'un corridor le vent souffla la lu-

mière; néanmoins, renseigné comme il
l'était, il continua sa route, pensant qu'il
n'avait pas besoin d'y voir pour trouver
l'objet qu'il venait chercher; mais en ou-
vrant la porte de la chambre, le messager
recula d'un pas en jetant un cri de terreur;
une vision terrible venait de lui apparaî-
tre : il lui semblait avoir devant les yeux,
au milieu de la chambre, entre la porte et
le meuble où était le médaillon d'or,
Alexandre **VI**, immobile et livide, couché
dans une bière, aux quatre coins de laquelle brûlaient quatre flambeaux. Le cardinal resta un instant les yeux fixes et les
cheveux hérissés, n'ayant point la force
d'aller ni en avant ni en arrière; mais,

pensant enfin que tout cela était un pres-
tige de ses sens ou une apparition infer-
nale, il fit le signe de la croix en invoquant
le saint nom de Dieu : tout s'évanouit aussitôt, flambeaux, bière, cadavre, et la
chambre mortuaire rentra dans l'obscurité.

Alors le cardinal Caraffa, celui-là qui a
raconté lui-même cet étrange événement
et qui fut depuis le pape Paul IV, entra ré-
solûment dans la chambre, et, quoiqu'une
sueur glacée lui coulât sur le front, il alla
droit au meuble, et dans le tiroir indiqué
ayant trouvé la chaîne d'or et le médaillon, il les prit et sortit précipitamment

pour les aller reporter au pape. Il trouva
le souper servi, les convives arrivés et Sa
Sainteté prête à se mettre à table : du plus
loin qu'elle le vit venir, Sa Sainteté, qui
était très pâle, fit un pas vers lui ; Caraffa
doubla la marche et présenta à Sa Sainteté le médaillon ; mais, au moment où le
pape étendait le bras pour le prendre, il
se renversa en arrière en jetant un cri qui
fut aussitôt suivi de violentes convulsions;
quelques minutes après, et comme il s'a-
vançait pour lui porter secours, César fut
saisi du même mal : l'effet avait été plus rapide qu'à l'ordinaire; car César avait doublé
la dose du poison, et l'état de chaleur où ils

étaient tous deux quand ils l'avaient pris
augmentait sans doute son activité.

On transporta les deux malades côte à
côte jusqu'au Vatican, où ils se séparèrent
pour aller chacun à son appartement.

A compter de cette heure ils ne se revi-
rent plus.

A peine au lit, le pape fut pris d'une vio-
lente fièvre qui ne céda ni aux vomitifs, ni
aux saignées, et qui nécessita presque
aussitôt l'application des derniers sacre-
ments de l'Église ; cependant l'admirable
constitution de son corps, qui semblait
avoir trompé la vieillesse, lutta huit jours
contre la mort ; enfin, après les huit jours

d'agonie, il mourut sans avoir nommé une seule fois ni César ni Lucrèce, qui étaient cependant les deux pôles sur lesquels avaient tourné toutes ses affections et tous ses crimes. Il était âgé de soixante et douze ans et en avait régné onze.

Quant à César, soit qu'il eût moins bu du fatal breuvage que son père, soit que sa jeunesse l'emportât par sa force sur la force du poison, soit enfin, comme l'ont dit quelques-uns, qu'il eût, en rentrant dans son appartement, avalé un contre-poison qui n'était connu que de lui, il ne perdit pas un instant de vue la position terrible où il se trouvait, et ayant fait venir

son fidèle Michelotto, avec ceux de ses
hommes sur lesquels il pouvait le plus
compter, il distribua la troupe dans les di-
verses chambres qui précédaient la sienne,
et ordonna au chef de ne point quitter le
pied de son lit, et de dormir couché sur
une couverture, et la main sur la poignée de son épée.

Le traitement avait été le même pour
César que pour le pape, seulement, aux
vomitifs et aux saignées, on avait ajouté
des bains étranges, que César avait deman-
dés lui-même, ayant entendu dire qu'ils
avaient autrefois, dans un cas pareil, guéri
le roi Ladislas de Naples. Quatre poteaux,

fortement scellés au parquet et au plafond,
s'élevaient dans sa chambre, pareils à
cette machine où les maréchaux ferrent
les chevaux; chaque jour un taureau y était
amené, renversé sur le dos, et lié par les
quatre jambes aux quatre poteaux; puis,
quand il était attaché ainsi, on lui faisait
au ventre une entaille d'un pied et demi,
par laquelle on tirait les intestins, et César, se glissant dans cette baignoire vi-
vante encore, y prenait un bain de sang:
le taureau mort, César sortait pour être
roulé dans des couvertures bouillantes, où,
après d'abondantes sueurs, il se sentait
presque toujours soulagé.

De deux heures en deux heures César

envoyait demander des nouvelles de son
père ; à peine eut-il appris qu'il était mort,
que; quoique encore mourant lui-même,
rappelant cette force de caractère et cette
présence d'esprit qui lui étaient habituel-
les, il ordonna à Michelotto de fermer les
portes du Vatican avant que le bruit de
cette mort ne fût répandu dans la ville, et
défendit qu'on laissât entrer dans l'appartement du pape qui que ce fût, tant qu'on
n'en aurait pas enlevé les papiers et l'argent : Michelotto obéit aussitôt, alla trouver le cardinal Casanova, lui mit le poignard sur la gorge, se fit délivrer les clefs
des chambres et des cabinets du pape, et,
conduit par lui, en enleva deux coffres

pleins d'or, qui pouvaient contenir cent mille écus romains en espèces, plusieurs caisses pleines de bijoux, et une grande quantité d'argenterie et de vases précieux; tout fut transporté dans la chambre de César ; les postes qui le gardaient furent doublés ; puis, les portes du Vatican ayant été rouvertes, on proclama la mort du pape.

Cette mort pour être attendue n'en produisit pas moins un effet terrible par toute la ville, car quoique César fût vivant encore, son état de maladie laissait chacun en suspens : certes, si le vaillant duc de Romagne, si le puissant condottiere qui avait pris en cinq ans trente villes et quinze for-

teresses, eût été assis, l'épée à la main,
sur son cheval de bataille, les choses n'eussent point été un instant flottantes et in-
certaines ; car, ainsi qu'il le dit depuis à
Machiavel, son génie ambitieux avait tout
prévu pour le jour de la mort du pape, excepté que lui-même serait mourant ; mais
il était cloué dans son lit, suant son agonie
empoisonnée ; de sorte que, quoiqu'il eût
conservé la pensée, il avait perdu le pouvoir, et qu'il était forcé d'attendre et de
subir les événements, tandis qu'il lui aurait
fallu marcher au-devant d'eux et les maî-
triser.

Il fut donc forcé de régler ses actions,

non plus d'après son plan, mais d'après les circonstances. Ses ennemis les plus acharnés, ceux qui pouvaient le serrer de plus près, étaient les Orsini et les Colonna : aux uns il avait pris le sang, aux autres les biens; il s'adressa à ceux à qui il pouvait rendre ce qu'il avait pris, et entama des négociations avec les Colonna.

Pendant ce temps on procédait aux obsèques pontificales; le vice-chancelier avait envoyé des ordres aux membres élevés du clergé, aux supérieurs des couvents et aux confrères des séculiers de ne point manquer, sous peine d'être dépouillés de leurs dignités et offices, de se

rendre, selon la coutume ordinaire, chacun avec sa compagnie au Vatican, pour y
assister aux funérailles du pape ; chacun,
en conséquence, se rendit au jour et à
l'heure indiqués au palais pontifical, d'où
le corps devait être transporté à l'église
Saint-Pierre, où il devait être enterré. On
trouva le cadavre seul et abandonné dans
la chambre mortuaire ; car tout ce qui
s'appelait Borgia, excepté César, s'était
caché, ne sachant pas ce qui allait se passer, et c'était bien fait à eux ; car plus tard,
un seul ayant été rencontré par Fabio Orsino, celui-ci le poignarda, et, en signe de
cette haine qu'ils s'étaient jurés les uns

aux autres, se lava la bouche et les mains avec son sang.

L'agitation au reste était si grande dans Rome, qu'au moment où le cadavre d'Alexandre **VI** allait entrer dans l'église, il s'éleva une de ces rumeurs comme il en passe tout à coup par les airs dans les temps d'orages populaires, ce qui produisit à l'instant même un si grand trouble dans le cortége, que les gardes se rangèrent en bataille, que le clergé se réfugia dans la sacristie, et que les porteurs ayant laissé tomber la bière, et le peuple ayant arraché le drap qui la recouvrait, le cadavre se trouva découvert, et chacun put

voir de plus près et impunément celui qui,
quinze jours auparavant, faisait, d'un bout
du monde à l'autre, trembler princes,
rois et empereurs.

Cependant, par cette religion du sépulcre que chacun éprouve instinctive-
ment et qui est la seule qui survive aux
autres dans le cœur même de l'athée, la
bière fut reprise et portée au pied du
grand autel de Saint-Pierre, où, soulevée
sur des tréteaux, elle fut exposée à la vue
du public; mais le pape était devenu si
noir, si difforme et si enflé, qu'il était horrible à voir : son nez laissait échapper une
matière sanguinolente, sa bouche béait hi-

deusement, et sa langue était si mon-
strueusement enflée qu'elle en remplissait
toute la cavité; à cet aspect effroyable, il
se joignait une fétidité si grande, que
quoique l'on ait coutume, aux funérailles
des papes, de baiser la main qui porta
l'anneau du pécheur, pas un ne se présenta
pour donner au représentant de Dieu sur
la terre cette marque de religion et de respect.

Vers les sept heures du soir, c'est-à-dire
quand le jour tombant ajoute encore une
si grande tristesse au silence des églises,
quatre crocheteurs et deux ouvriers charpentiers portèrent le cadavre dans la cha-

pelle où il devait être enterré, et, l'ayant
enlevé de son catafalque de parade, le
couchèrent dans la bière qui devait être
son dernier palais; mais il se trouva que
la bière était trop courte, de sorte que le
corps n'y put tenir qu'en lui ployant les
jambes et en les faisant entrer à grands
coups de poings; alors les charpentiers
posèrent le couvercle, et tandis que l'un
d'eux était assis dessus, pour forcer les genoux de plier, les autres la clouèrent au
milieu de ces plaisanteries shakespea-
riennes, dernière oraison qui retentit à
l'oreille des puissants : puis il fut, dit
Tommaso Tommasi, placé à gauche du

grand autel Saint-Pierre , sous une assez vilaine tombe.

Le lendemain , on trouva cette épitaphe écrite sur la pierre :

VENDIT ALEXANDER CLAVES , ALTARIA , CHRISTUM :
EMERAT ILLE PRIUS , VENDERE JURE POTEST.

C'est-à-dire :

Alexandre vendit les clefs , l'autel et le Christ :
Au reste , il les pouvait vendre , les ayant achetés auparavant.

Par l'effet que la mort d'Alexandre **VI** avait produit à Rome , on peut juger de celui qu'elle produisit non-seulement dans toute l'Italie, mais encore dans le reste du monde ; un instant l'Europe plia, car la colonne qui soutenait la voûte de l'édifice politique s'était écroulée, et l'astre, aux regards de flamme et aux rayons sanglants, autour duquel tout gravitait depuis onze ans, venait de s'éteindre ; si bien que le monde, frappé tout à coup d'immobilité, demeura un instant dans les ténèbres et le silence.

Cependant, après le premier moment de stupeur, tout ce qui avait une injure à venger se souleva et accourut à la curée. Sforza reprit Pesaro, Baglione Perouse, Gui d'Ubaldo Urbin, et la Rovère Siniga-

glia; les Vitelli rentrèrent dans Città di
Castello, les Appiani dans Piombino, et
les Orsini à Monte-Giordano et dans leurs
autres États : la Romagne seule resta immobile et fidèle, car le peuple, qui n'a rien à
juger dans les querelles des grands, pour-
vu qu'elles ne descendent pas jusqu'à lui,
n'avait jamais été aussi heureux que sous
le gouvernement de César.

Quant aux Colonna, ils s'étaient engagés
à garder la neutralité, moyennant quoi ils
avaient été remis en possession de leurs
châteaux et de leurs cités de Chinazzano,
de Capo d'Anno, de Frascati, de Rocca di
Papa et de Nettuno, qu'ils trouvèrent en

meilleur état , qu'ils ne les avaient quit-
tées, le pape les ayant fait embellir et for-
tifier.

César, au reste, tenait toujours le Vatican avec ses troupes, qui, fidèles à sa mauvaise fortune, veillaient autour du palais,
où il se tordait sur son lit de douleur en
rugissant comme un lion blessé : de leur
côté, les cardinaux, qui, au lieu de veiller
aux obsèques du pape, s'étaient dans leur
première terreur, dispersés chacun de son
côté, commencèrent à se réunir tantôt à la
Miverve , tantôt chez le cardinal Caraffa.
Effrayés des forces qui restaient à César,
et surtout de ce que le commandement en

était remis à Michelotto, ils réunirent tout ce qu'ils avaient d'argent pour lever de leur côté une armée de deux mille soldats dont Charles Taneo fut nommé chef, avec le titre de capitaine du sacré collége; on espérait donc que la tranquillité était rétablie, lorsqu'on apprit que Prosper Colonna arrivait avec trois mille hommes du côté de Naples, et Fabio Orsino du côté de Viterbe, avec deux cents chevaux et plus de mille fantassins. En effet, ils entrèrent dans Rome à un jour de distance l'un de l'autre seulement, tant chacun d'eux y était amené par une ardeur pareille.

Ainsi, il y avait dans Rome cinq armées en présence les unes des autres : l'armée de César, qui tenait le Vatican et le Borgo ; l'armée de l'évêque de Nicastro, qui avait reçu d'Alexandre la garde du château Saint-Ange et qui, s'y étant enfermée, refusait de le rendre ; l'armée du sacré collége, qui stationnait aux environs de la Minerve ; l'armée de Prosper Colonna, qui était campée au Capitole ; et l'armée de Fabio Orsino, qui s'était casernée à la Ripetta.

De leur côté, les Espagnols s'étaient avancés jusqu'à Terracine, et les Français jusqu'à Népi.

Les cardinaux comprirent que Rome
était sur une mine que la moindre étin-
celle pouvait faire sauter; ils réunirent les
ambassadeurs de l'empereur d'Allemagne,
des rois de France et d'Espagne et de la
république de Venise, pour qu'ils élevas-
sent la voix au nom de leurs maîtres. Les
ambassadeurs, pénétrés de l'urgence de la
situation, commencèrent par déclarer le
sacré collége inviolable; puis ils ordonnè-
rent aux Orsini, aux Colonna et au duc de
Valentinois de quitter Rome, et de se retirer chacun de son côté.

Les Orsini se soumirent les premiers à
cet ordre; le lendemain leur exemple fut

suivi par les Colonna. Il ne restait donc
plus que César, qui consentait, disait-il, à
sortir, mais qui, auparavant, voulait faire
ses conditions : si on le lui refusait, il dé-
clarait que les caves du Vatican étaient
minées, et qu'il se ferait sauter avec ceux
qui viendraient pour le prendre. On savait
qu'il n'avançait rien qu'il ne fût capable
de faire : on traita avec lui.

Il fut convenu que César sortirait de
Rome avec son armée, son artillerie et ses
bagages, et que, pour plus grande certitude qu'il ne serait attaqué ni molesté dans
les rues de Rome, le sacré collége adjoin-
drait à sa troupe quatre cents fantassins

qui, en cas d'attaque ou d'insulte, combat-
traient pour lui.

De son côté, César promit qu'il se reti-
rerait à dix milles de Rome tout le temps
que durerait le conclave, et qu'il n'entre-
prendrait rien ni contre cette ville ni contre aucune autre des États ecclésiastiques;
Fabio Orsino et Prosper Colonna avaient
pris le même engagement. L'ambassadeur
de Venise avait répondu pour les Orsini,
l'ambassadeur d'Espagne pour les Colonna, l'ambassadeur de France répondit
pour le duc de Valentinois.

Au jour et à l'heure dits, César fit d'a-

bord partir son artillerie, qui se composait de dix-huit pièces de canon, accom-
pagnées par les quatre cents fantassins du
sacré collége, à chacun desquels il fit donner un ducat : derrièrre l'artillerie, venaient cent charriots escortés par son
avant-garde.

Le duc sortit par la porte du Vatican ; il
était couché sur un lit couvert d'un dais
d'écarlate, supporté par douze de ses hal-
lebardiers, se tenant accoudé sur des cous-
sins, afin que chacun pût voir son visage,
dont les lèvres étaient violettes et les yeux
injectés de sang ; il avait auprès de lui son
épée nue, pour indiquer que, tout faible

qu'il était, il s'en servirait au besoin ; son meilleur cheval de bataille, caparaçonné de velours noir, avec ses armes brodées dessus, marchait près de son lit, conduit par un page, afin qu'il pût sauter en selle en cas d'attaque et de surprise ; devant et derrière lui, à sa droite et à sa gauche, marchait son armée, les armes hautes, mais sans que les tambours battissent, ni que les trompettes sonnassent, ce qui donnait quelque chose de profondément funèbre à tout ce cortége, qui, à la porte de la ville, trouva Prosper Colonna, qui l'attendait avec une troupe considérable.

César crut d'abord que, manquant à sa

parole, comme il avait lui-même si souvent manqué à la sienne, Prosper Colonna
allait l'attaquer. Il ordonna aussitôt de
faire halte, et s'apprêta à monter à cheval;
mais Prosper Colonna, voyant quelle
crainte avait pris César, s'avança seul
jusqu'auprès du lit; il venait, au contraire,
lui offrir de l'escorter, craignant pour lui
quelque embûche de Fabio Orsino, qui
avait hautement juré qu'il vengerait la
mort de Paul Orsino son père, ou qu'il
y perdrait son honneur. César remercia
Colonna, mais il lui répondit que, du moment où Orsino était seul, il ne le craignait pas. Alors Prosper Colonna salua le
duc, et rejoignit sa troupe, avec laquelle

il se dirigea vers Albano, tandis que César prenait le chemin de Città Castellana, qui lui était restée fidèle.

Là, César se retrouva non-seulement maître de son sort, mais encore arbitre de celui des autres : sur les vingt-deux voix qu'il avait au sacré collége, douze lui étaient restées fidèles, et comme le conclave se composait en tout de trente-sept cardinaux, il pouvait avec ses douze voix faire pencher la majorité du côté qui lui plairait. Il se trouva donc courtisé à la fois par le parti espagnol et par le parti français, chacun de son côté désirant faire élire un pape de sa nation. César écouta

tout sans rien promettre ni refuser, et
donna ses douze voix à François Piccolo-
mini, cardinal de Sienne, une des créatures de son père, qui était resté son ami;
et qui fut élu pape le 8 octobre, sous le
nom de Pie III.

César ne s'était pas trompé dans son espérance : à peine élu, Pie III lui envoya
un sauf-conduit pour rentrer dans Rome;
le duc y reparut avec deux cent cinquante
hommes d'armes, deux cent cinquante
chevau-légers, huit cents fantassins, et
alla loger en son palais; ses soldats cam-
pèrent à l'entour.

Pendant ce temps, les Orsini, poursui-

vant leurs projets de vengeance contre César, levaient force troupes à Pérouse et
dans les environs, pour le venir attaquer
jusque dans Rome, et comme ils croyaient
voir que la France, au service de laquelle
ils s'étaient engagés, ménageait le duc, à
cause de ses douze voix sur lesquelles elle
comptait pour faire élire, au prochain conclave, le cardinal d'Amboise, ils passèrent
au service des Espagnols.

En même temps César signait un nouveau traité avec Louis XII, par lequel il
s'engageait à le soutenir de toutes ses forces, et même de sa personne, aussitôt qu'il
pourrait remonter à cheval, dans le main-

tien de sa conquête de Naples ; de son côté, Louis XII lui garantissait la possession des États qu'il tenait encore, et lui promettait son aide pour recouvrer ceux qu'il avait perdus.

Le jour où ce traité fut connu, Gonzalve de Cordoue fit publier à son de trompe, dans les rues de Rome, l'ordre à tout sujet du roi d'Espagne, servant dans une armée étrangère, de rompre à l'instant même son engagement, sous peine d'être traité comme coupable de haute trahison.

Cette mesure enleva au duc de Valentinois dix ou douze de ses meilleurs officiers et près de trois cents soldats.

Alors les Orsini, voyant son armée ainsi réduite, entrèrent dans Rome, soutenus par l'ambassadeur d'Espagne, et citèrent César devant le pape et le sacré collége, pour qu'il eût à y rendre compte de ses crimes.

Fidèle à ses engagements, Pie III répondit qu'en sa qualité de prince souverain, le duc de Valentinois, pour son administration temporelle, ne relevait que de lui-même et ne devait compte de ses actions qu'à Dieu.

Cependant, comme ce pape sentait que, malgré toute sa bonne volonté, il ne pour-

rait peut-être pas protéger longtemps le
duc de Valentinois contre ses ennemis, il
lui donna le conseil de tâcher de se réunir
à l'armée française qui s'avançait toujours
vers Naples, et au milieu de laquelle seulement il serait en sûreté. César résolut de
se retirer à Bracciano, où Jean-Jordan Orsino, qui l'avait autrefois accompagné en
France, et qui était le seul de sa famille
qui ne se fût pas déclaré contre lui, lui offrait un asile au nom du cardinal d'Amboise ; il ordonna donc un matin à ses
troupes de se mettre en marche pour cette
ville, et, se plaçant au milieu d'elles, il
sortit de Rome.

Mais, si secret que César eût tenu son dessein, les Orsini en avaient été prévenus, et ayant fait, dès la veille, sortir tout ce qu'ils avaient de troupes par la porte de San Pancracio, ils avaient, en prenant un long détour, coupé le chemin au duc de Valentinois ; de sorte qu'en arrivant à la Storta, il trouva, en bataille et l'attendant, l'armée des Orsini qui était de moitié au moins supérieure à la sienne.

César comprit qu'engager le combat, faible comme il l'était encore, c'était courir droit à sa perte ; aussi, ordonna-t-il à ses troupes de se retirer, et comme c'était un excellent stratégiste, il échelonna si habilement sa retraite, que ses ennemis le suivirent, mais n'osèrent point l'attaquer, et qu'il rentra dans la ville pontificale sans avoir perdu un seul homme.

Cette fois César descendit droit au Vatican, pour se placer encore plus directement sous la protection du pape ; il distribua ses soldats autour du palais pontifical, de manière à en garder toutes les issues. En effet, les Orsini, décidés à en finir avec César, avaient résolu de l'attaquer partout où il serait et sans respect pour la sainteté du lieu : ce qu'ils tentèrent, mais sans succès, tant, de tous les côtés, les troupes de César firent bonne garde, et présentèrent bonne défense.

Alors les Orsini, qui n'avaient pu forcer les portes du château Saint-Ange, espérèrent avoir meilleur marché du duc en sortant de Rome et en revenant l'attaquer par la porte Torione ; mais César avait prévu ce mouvement, et ils trouvèrent la porte barricadée et gardée. Ils n'en poursuivirent pas moins leur dessein, remettant à la force ouverte la vengeance qu'ils devaient obtenir de la ruse ; et ayant surpris les approches de la porte, ils y mirent le feu ; ce passage ouvert, ils pénétrèrent dans les jardins du château, où ils trouvèrent César les attendant à la tête de sa cavalerie.

En face du danger, le duc avait re-

trouvé ses forces ; aussi se précipita-t-il le
premier sur ses enn mis , en appelant Orsino à grands cris , afin d'en finir avec lui
s'il le rencontrait ; mais ou Orsino ne l'entendit point ou il n'osa le combattre ; de
sorte qu'après une lutte acharnée , César,
qui était numériquement de deux tiers
plus faible que son ennemi , vit sa cavalerie taillée en pièces , et , après avoir fait
personnellement des miracles de force et
de courage , fut obligé de rentrer au Vatican.

Il y trouva le pape à l'agonie : las de lut-
ter contre la parole engagée par ce vieillard au duc de Valentinois , les Orsini , par

l'entremise de Pandolfo Petrucci, avaient
gagné le chirurgien du pape, qui lui avait
mis, sur une plaie qu'il avait à la jambe,
un emplâtre empoisonné.

Le pape était donc expirant quand César, tout couvert de poussière et de sang,
entra dans sa chambre, poursuivi par ses
ennemis, qui ne s'étaient arrêtés qu'aux
murs du palais même, derrière lesquels
les maintenaient encore les débris de son
armée.

Pie III, qui sentait qu'il allait mourir,
se souleva sur son lit, remit à César la clef
du corridor qui conduisait au château

Saint-Ange, et un ordre au gouverneur de
le recevoir, lui et sa famille, de le défendre jusqu'à la dernière extrémité, et de
le laisser sortir lorsque bon lui semble-
rait; puis il retomba évanoui sur son lit.

César prit par la main ses deux filles, et,
suivi des petits ducs de Sermoneta et de
Nepi, se réfugia dans le dernier asile qui
lui était ouvert.

La même nuit le pape mourut : il avait
régné vingt-six jours seulement.

Comme il venait d'expirer, et sur les
deux heures du matin, César, qui s'était

jeté tout habillé sur son lit, entendit ouvrir la porte de sa chambre : ne sachant
pas ce qu'on avait à faire chez lui à cette
heure, il se souleva sur son coude en cherchant de l'autre main la poignée de son
épée ; mais au premier coup d'œil il reconnut le nocturne visiteur : c'était Julien
de la Rovère.

Tout brûlé par le poison, tout abandonné de ses troupes, tout tombé du faîte
de sa puissance qu'il était, César, qui ne
pouvait plus rien pour lui-même, pouvait
encore faire un pape : Julien de la Rovère
venait lui acheter les voix de ses douze
cardinaux.

César posa ses conditions, qui furent ac-
ceptées.

Une fois élu, Julien aiderait César à recouvrer ses états de la Romagne ; César
resterait général de l'Église ; enfin Fran-
çois-Marie de la Rovère, préfet de Rome,
épouserait une des filles de César.

A ces conditions, César vendit ses
douze cardinaux à Julien.

Le lendemain, sur la demande de Julien, le sacré collége ordonna aux Orsini
de s'éloigner de Rome tout le temps que
durerait le conclave.

Le 31 octobre 1503, au premier tour de
scrutin, Julien de la Rovère fut élu pape,
et prit le nom de Jules II.

A peine installé au Vatican, son premier soin fut d'y appeler auprès de lui César, auquel il rendit son ancien logement.
Alors, comme le duc entrait en pleine con-
valescence, il commença de s'occuper du
rétablissement de ses affaires, qui s'étaient
fort empirées depuis quelque temps.

C'est que la défaite de son armée et son
entrée au château Saint-Ange, où on le
croyait prisonnier, avaient amené de
grands changements en Romagne. Césène

s'était remise sous la puissance de l'Eglise,
dont elle avait dépendu autrefois; Jean
Sforza était rentré à Pesaro ; Ordelafi s'é-
tait emparé de Forli ; Malatesta réclamait
Rimini ; les habitants d'Imola avaient mas-
sacré leur gouverneur, et la ville était par-
tagée entre deux opinions, l'une qui voulait qu'on se remît au pouvoir des Riarii,
l'autre qu'on se donnât à l'Église ; Faenza
était restée fidèle plus longtemps qu'aucune autre; mais enfin, perdant l'espoir
de voir César recouvrer sa puissance, elle
avait appelé François, fils naturel de Ga-
leotto Manfredi, seul et dernier héritier de
cette malheureuse famille, dont tous les

descendants légitimes avaient été massa-
crés par Borgia.

Il est vrai de dire que les forteresses de
ces différentes places n'avaient point partagé ces révolutions et étaient demeurées
immuablement fidèles au duc de Valentinois.

Aussi n'était-ce pas précisément la dé-
fection de ces villes que , grâce à leurs forteresses , on pouvait reconquérir, qui in-
quiétait César et Jules II : c'était le dévolu
que Venise avait jeté sur elles.

En effet, Venise avait, au printemps de

7

la même année, signé son traité de paix
avec les Turcs ; de sorte que, débarrassée
de son éternel ennemi, elle venait de ramener ses forces vers la Romagne, qu'elle
avait toujours convoitée ; ses troupes
avaient été acheminées vers Ravenne, dernière place de ses États, et avaient été mi-
ses sous le commandement de Jacob Ve-
nieri, qui avait manqué de prendre Césène
par surprise, et qui n'avait échoué que par
le courage de ses habitants ; mais cet échec
avait été bientôt compensé par la reddition des forteresses du val de Lamone, et
de Faenza, par la prise de Forlimpoli, et
par la reddition de Rimini, que Pandol-
phe Malatesta, son seigneur, échangea

contre la seigneurie de Citadella, dans l'E-
tat de Padoue, et le rang de gentilhomme
vénitien.

Alors César fit une proposition à Jules II :
c'était de faire à l'Église une cession momentanée de ses Etats de la Romagne, afin
que le respect que les Vénitiens portaient
à la juridiction pontificale sauvât ces villes
de leurs entreprises ; mais, dit Guicciar-
dini, Jules II, en qui l'ambition, si naturelle aux souverains, n'avait pas encore
étouffé les restes de la probité, refusa de
recevoir les places, de peur de s'exposer
à la tentation de les retenir plus tard
contre ses promesses.

Cependant, comme les circonstances étaient urgentes, il proposa à César de quitter Rome, d'aller s'embarquer à Ostie et de passer par mer à la Spezzia, où devait le recevoir Michelotto, à la tête de cent hommes d'armes et de cent chevau-légers, seuls restes de sa magnifique armée, et de là, de se rendre par terre à Ferrare, et de Ferrare à Imola, où une fois arrivé, il jetterait assez haut son cri de guerre, pour que ce cri fût entendu de toute la Romagne.

C'était un conseil selon le cœur de César ; aussi César accepta-t-il à l'instant même.

Cette résolution soumise au sacré collège fut approuvée par lui, et César partit pour Ostie, accompagné de Barthélemy de la Rovère, neveu de Sa Sainteté.

César se croyait enfin libre, et se voyait d'avance sur son bon cheval de bataille, menant une seconde fois la guerre par tous ces lieux où il avait combattu, lorsqu'en arrivant à Ostie, il y fut rejoint par les cardinaux de Sorrente et de Volterra. qui venaient, au nom de Jules II, lui demander la remise de ces mêmes citadelles que trois jours auparavant il avait refusées; c'est que dans l'intervalle le pape venait d'apprendre que les Vénitiens avaient fait

de nouveaux envahissements, et avait re-
connu que le moyen proposé par César
était le seul qui pût les arrêter.

Mais ce fut à son tour César qui refusa,
inquiet de ces tergiversations et craignant
qu'elles ne cachassent un piège : il déclara
en conséquence que la cession que lui demandait le pape était inutile, puisqu'avec
l'aide de Dieu il serait en Romagne avant
huit jours. Les cardinaux de Sorrente et
de Volterra retournèrent donc à Rome
avec un refus.

Le lendemain matin, au moment où
César mettait le pied sur la galère où il

allait s'embarquer, il fut arrêté au nom de Jules II.

César crut d'abord que c'en était fait de lui ; il était habitué à ces façons de faire, et savait quelle courte distance il y a entre la prison et la tombe ; la chose était d'autant plus facile vis-à-vis de lui, que certes le pape, s'il l'eût voulu, n'eût point manqué de prétextes pour lui faire son procès. Mais le cœur de Jules II était d'une autre trempe que le sien, facile à la colère, mais ouvert à la clémence ; de sorte qu'au moment où le duc de Valentinois rentra à Rome, ramené par ses gardes, l'iritation momentanée qu'avait causée son refus à

Jules II étant déjà calmée, il fut reçu par
le pape dans son palais et avec ses ma-
nières accoutumées et sa courtoisie ordinaire, quoique dès le même jour il lui fût
facile de voir qu'il était gardé à vue. En
retour de ce bon accueil, César consentit
à faire au pape la cession de la forteresse
de Césène, comme d'une ville qui, ayant
appartenu à l'Église, retournait à l'Eglise ;
et remettant cet acte, signé par César, à
l'un de ses capitaines, que l'on nommait
Pierre d'Oviedo, Jules II lui ordonna
d'aller prendre possession de cette forteresse au nom du saint-siége. Pierre d'O-
viedo obéit, et partant aussitôt pour
Césène, il se présenta muni de son acte

devant don Diego Chignone, noble con-
dottière espagnol, qui tenait la forteresse
au nom du duc de Valentinois. Mais, après
avoir pris lecture du papier que lui remettait Pierre d'Oviedo, don Chignone répondit que, comme il savait son maître
et seigneur prisonnier, ce serait infâme
à lui d'obéir à un ordre selon toute proba-
bilité arraché par la violence, et que,
quant à celui qui l'avait apporté, il méri-
tait la mort pour s'être chargé d'une aussi
lâche commission : en conséquence, il ordonna à ses soldats de s'emparer de Pierre
d'Oviedo et de le jeter du haut en bas
des murailles ; ce qui fut exécuté à l'instant même.

Ce trait de fidélité faillit devenir fatal à
César : en apprenant le traitement fait à
son messager, le pape entra dans une si
grande colère, qu'une seconde fois son
prisonnier se crut perdu ; de sorte que,
pour racheter sa liberté, il fit le premier
à Jules II des propositions nouvelles, qui
furent rédigées en traité et validées par
une bulle. Par ces conventions, le duc de
Valentinois était tenu de consigner entre
les mains de Sa Sainteté, dans le délai de
quarante jours, les forteresses de Césène
et de Bertinoro, et de donner les contre-
seings de celle de Forli : le tout avec la
garantie de deux banquiers de Rome, qui
devaient répondre d'une somme de quinze

mille ducats, montant des dépenses que le gouverneur prétendait avoir faites dans la place pour le compte du duc.

De son côté, le pape s'engageait à faire conduire César à Ostie sous la seule garde du cardinal de Sainte-Croix et de deux officiers, qui lui rendraient liberté entière le jour même où ses engagements seraient remplis : dans le cas contraire, César serait ramené à Rome et constitué prisonnier au château Saint-Ange.

En exécution de ce traité, César descendit le Tibre jusqu'à Ostie, accompagné du trésorier du pape et de plusieurs de ses serviteurs : le cardinal de Sainte-Croix partit après lui, et l'y rejoignit le même jour.

Cependant comme César craignait qu'après la remise de ses forteresses Jules II, malgré la parole donnée, ne le retînt prisonnier, il fit demander par l'intermédiaire des cardinaux Borgia et Remolino, qui, ne se croyant pas en sûreté à Rome, s'étaient retirés à Naples, un sauf-conduit à Gonzalve de Cordoue et deux galères pour aller les rejoindre : courrier par courrier, le sauf-conduit arriva, annonçant que les galères ne tarderaient pas à le suivre.

Sur ces entrefaites, le cardinal de Sainte-Croix ayant appris que, sur l'ordre du duc, les gouverneurs de Césène et de Bertinoro avaient fait la remise de ces forteresses an capitaine de Sa Sainteté, il se relâcha peu à peu de sa rigidité envers son prisonnier, et commença, comme il savait que la liberté lui devait être rendue un jour ou l'autre, à le laisser sortir sans garde. César alors, craignant qu'il ne lui arrrivât, au moment de s'embarquer sur les galères de Gonzalve, ce qui lui était arrivé lorsqu'il avait mis le pied sur celle du pape, c'est-à-dire, qu'il ne fût arrêté une seconde fois, se cacha dans une maison hors de la ville; et lorsque la nuit fut ve-

nue, montant un mauvais cheval de pay-
san, il gagna Nettuno, où, ayant loué une
petite barque, il s'embarqua pour Mont-
Dragone et de là gagna Naples. Gonzalve
le reçut avec une si grande joie, que César se trompa à son motif, et cette fois se
crut enfin sauvé. Cette confiance redoubla
lorsque, s'étant ouvert de ses desseins à
Gonzalve, et lui ayant dit qu'il comptait
gagner Pise, et de là, passer en Romagne,
Gonzalve lui permit de recruter à Naples
autant de soldats qu'il lui conviendrait,
lui promettant deux galères pour s'embarquer avec eux. César, tompé à ses démons-
trations, s'arrêta près de six semaines à
Naples ; voyant chaque jour le gouver-

neur espagnol et discutant avec lui ses projets et ses plans. Mais Gonzalve ne l'avait retenu ainsi que pour avoir le temps de prévenir le roi d'Espagne que son ennemi était entre ses mains ; de sorte que, se croyant au moment de son départ et ayant déjà fait embarquer ses troupes sur ses deux galères, César se rendit au château pour prendre congé de Gonzalve. Le gouverneur espagnol le reçut avec sa courtoisie ordinaire, lui souhaita toutes sortes de prospérités, et l'embrassa en le quittant ; mais, à la porte du château, César trouva un des capitaines de Gonzalve nommé Nunho Campejo, qui l'arrêta en lui disant qu'il était prisonnier de Ferdi-

nand-le-Catholique. A ces paroles, César
poussa un profond soupir, et maudit sa
fortune, qui l'avait poussé à se fier à la parole d'un ennemi, lui qui avait manqué si
souvent à la sienne.

César fut immédiatement conduit au
château, où la porte de la prison se referma sur lui, sans qu'il eût l'espoir que personne vînt à son aide ; car le seul être dé-
voué qui lui restât au monde était Michelotto, et il avait appris que Michelotto
avait été arrêté du côté de Pise par ordre
de Jules II.

Pendant que l'on conduisait César en

prison, un officier se rendait chez lui pour y reprendre le sauf-conduit que lui avait donné Gonzalve.

Le lendemain de son arrestation, qui avait eu lieu le 27 mai 1504, César fut mené à bord d'une galère, qui leva l'ancre aussitôt, et fit voile pour l'Espagne : pendant toute la traversée, il n'avait avec lui qu'un page pour le servir ; et, aussitôt son débarquement, il fut conduit au château de Medina del Campo.

Diz ans après, Conzalve, proscrit à son tour, avouait à Loxa, sur son lit de mort, qu'au moment de paraître devant Dieu,

deux actions pesaient cruellement à sa
conscience : l'une était sa trahison envers
Ferdinand, l'autre son manque de parole
envers César.

César resta deux ans en prison, espérant
toujours que Louis XII le réclamerait
comme pair du royaume de France ; mais
Louis XII, consterné de la perte de la bataille du Garigliano, qui lui enlevait le
royaume de Naples, avait assez de ses
propres affaires sans s'occuper de celles
de son cousin. Le prisonnier commençait donc à désespérer, lorsqu'un jour, en
rompant son pain pour déjeuner, il y trouva une lime, une fiole contenant une li-

queur narcotique, et un billet de Michelotto qui lui annonçait qu'étant sorti de
prison, il avait quitté l'Italie, l'avait suivi
en Espagne, et était caché avec le comte
de Bénévent dans le village voisin ; il ajoutait qu'à compter du lendemain, ils l'at-
tendraient, lui et le comte, toutes les nuits
sur le chemin de la forteresse au village
avec trois excellents chevaux ; maintenant
c'était à lui de tirer de sa lime et de sa
fiole le meilleur parti possible. Quand le
monde entier avait abandonné le duc de
Romagne, un sbire s'était souvenu de
lui !

La prison où il était enfermé depuis

deux ans pesait trop à César pour qu'il perdît un seul instant; aussi le même jour, il attaqua un barreau de sa fenêtre, qui donnait sur une cour intérieure, et parvint facilement à le mettre en tel état, qu'il ne fallait qu'une dernière secousse pour le détacher. Mais, outre que la fenêtre était élevée de soixante-dix pieds à peu près, on ne pouvait sortir de la cour que par une issue réservée au gouverneur, et dont lui seul avait la clef, encore cette clef ne le quittait-elle jamais; le jour, elle était suspendue à sa ceinture; la nuit, déposée sous son chevet : là donc était la principale difficulté.

Cependant, tout prisonnier qu'il était, César avait toujours été traité avec les égards dus à son nom et à son rang : chaque jour, à l'heure du dîner, on le venait prendre dans la chambre qui lui servait de prison, pour le conduire chez le gouverneur, qui lui faisait les honneurs de sa table en noble et courtois chevalier. Il est vrai de dire aussi que don Manuel était un vieux capitaine ayant servi avec honneur le roi Ferdinand, ce qui faisait que, tout en gardant César selon la rigueur des ordres reçus, il avait un grand respect pour un si brave général et écoutait avec grand plaisir le récit de ses batailles. Il avait donc souvent insisté pour que César non-seulement dînât, mais encore déjeunât avec lui ; heureusement que le prisonnier, par pressentiment peut-être, avait refusé jusqu'alors cette faveur ; et bien lui en avait pris, puisque, grâce à sa solitude, il avait pu recevoir les instruments d'évasion que Michelotto lui avait envoyés.

Or, il arriva que, le jour même où il les avait reçus, César, en remontant chez lui, fit un faux pas et se foula le pied ; à l'heure du dîner, il essaya de descendre ; mais il prétendit souffrir si cruellement qu'il y renonça. Le gouverneur vint le voir dans sa chambre et le trouva étendu sur son lit.

Le lendemain, César ne se trouvant pas mieux, le gouverneur lui fit servir à dîner, et vint le voir comme la veille ; il trouva son prisonnier si triste et si ennuyé de cette solitude, qu'il lui offrit de venir partager son souper avec lui : César accepta avec reconnaissance.

Cette fois, c'était le prisonnier qui faisait les honneurs à son hôte ; aussi César fut-il d'une courtoisie charmante ; le gouverneur voulut profiter de cet abandon pour lui faire quelques questions sur la manière dont il avait été arrêté, et lui demanda, en vieux Castillan pour qui l'honneur est encore quelque chose, la vérité

sur le manque de foi de Gonzalve et de
Ferdinand vis-à-vis de lui. César se montra on ne peut plus disposé à lui faire une
confidence entière ; mais il lui indiqua
par un signe que les valets étaient de trop.
Cette précaution paraissait si naturelle,
que le gouverneur n'en prit aucun om-
brage et s'empressa de renvoyer tout le
monde, afin de rester au plus vite en tête-à-
tête avec son convive. Lorsque la porte
fut fermée, César remplit son verre et
celui du gouverneur, en proposant la
santé du roi : le gouverneur lui fit raison ;
César commença aussitôt son récit ; mais
à peine fut-il au tiers, que, si intéressant
qu'il fût, les yeux de son hôte se fermèrent

comme par magie, et qu'il se laissa aller sur la table profondément endormi.

Au bout d'une demi-heure, les serviteurs, n'entendant plus aucun bruit, rentrèrent et trouvèrent les deux convives l'un sur la table et l'autre dessous : ce n'était point un événement assez extraordinaire pour qu'ils y accordassent une grande attention ; aussi se contentèrent-ils de porter don Manuel dans sa chambre, et César sur son lit ; puis, remettant au lendemain la desserte du souper, ils refermèrent la porte avec le plus grand soin, laissant le prisonnier seul.

César resta encore un instant immobile et en apparence plongé dans le plus profond sommeil ; mais, lorsqu'il eut entendu les pas s'éloigner, il souleva doucement la tête, ouvrit les yeux, se laissa glisser de son lit, marcha vers la porte, lentement, il est vrai, mais sans paraître aucunement se ressentir de l'accident de la veille, demeura quelques minutes l'oreille appuyée à la serrure : puis, relevant la tête avec une expression de fierté indéfinissable, il s'essuya le front avec la main, et pour la première fois depuis la sortie de ses gardes, respira librement et à pleine poitrine.

Il n'y avait pas de temps à perdre ; son premier soin fut de fermer aussi solidement la porte en dedans qu'elle était fermée en dehors, de souffler sa lampe, d'ouvrir la fenêtre et d'achever de scier son barreau. Cette opération terminée, il détacha les bandes qui comprimaient sa jambe, arracha les rideaux de sa fenêtre et ceux de son lit, les déchira par lanières, y ajouta les draps, la nappe, les serviettes, et, grâce à tous ces objets réunis et placés bout à bout, forma une corde de cinquante à soixante pieds de longueur, fit des nœuds de distance en distance, fixa la corde solidement, et par une de ses extrémités, au barreau voisin de celui qu'il venait de couper ;

puis, montant sur la fenêtre, il commença
de mettre à exécution la partie vraiment
périlleuse de l'entreprise, en se crampon-
nant des pieds et des mains à ce frêle
conducteur. Heureusement César était
aussi fort qu'adroit; aussi parcourut-il
toute la longueur de la corde sans accident; mais, arrivé à son extrémité, suspendu au dernier nœud, il chercha en vain
la terre sous ses pieds; la corde était trop
courte.

La situation était terrible; l'obscurité
de la nuit ne permettait pas au fugitif de
distinguer à quelle distance il pouvait être
encore du sol, et sa fatigue s'opposait à

ce qu'il essayât même de remonter. César
fit une courte prière : lui seul aurait pu
dire si c'était à Dieu ou à Satan ; puis, abandonnant la corde, il tomba d'une hauteur
de douze à quinze pieds à peu près.

Le péril était trop grand pour que le fugitif s'inquiétât de quelques légères con-
tusions qu'il s'était faites dans sa chute ; il
se releva donc aussitôt, et, s'orientant par
la direction de sa fenêtre, il alla droit à
la petite porte de sortie ; arrivé là, il mit
la main dans la poche de son justaucorps,
— une sueur froide lui passa sur le front :
soit qu'il l'eût oubliée dans sa chambre,

soit qu'il l'eût perdue dans sa chute, il n'avait plus la clef.

Cependant en se rappelant ses souvenirs, il écarta entièrement la première idée, pour ne s'arrêter qu'à la seconde qui était la seule probable; il traversa donc de nouveau la cour, cherchant à reconnaître l'endroit où elle pouvait être tombée, à l'aide du mur d'une citerne sur lequel il avait mis la main en se relevant; mais l'objet perdu était si petit et la nuit si obscure, qu'il y avait peu de chance que cette recherche eût un résultat; cependant César s'y livrait tout entier, car dans cette clef était sa dernière ressource; lorsque

tout à coup une porte s'ouvrit, et une ronde
de nuit parut précédée de deux torches. César se crut un instant perdu ; mais, songeant
à la citerne qui était derrière lui , il y descendit aussitôt, et laissant sa tête seule hors
de l'eau , il suivit avec toute l'anxiété de sa
situation les mouvements des soldats qui
s'avancèrent de son côté , passèrent à
quelques pas de lui , traversèrent la cour
et disparurent par une porte opposée.
Mais si courte qu'avait été leur lumineuse
apparition, elle avait éclairé le sol ; César,
à la lueur des torches , avait vu briller la
clef tant cherchée , et à peine la porte par
laquelle les soldats avaient disparu était-

elle refermée, qu'il était maître de sa liberté.

A moitié chemin du château au village, deux cavaliers et un cheval de main attendaient : ces deux cavaliers étaient le comte de Bénévent et Michelotto. César sauta sur le cheval qui était sans maître, serra également la main au comte et au sbire ; puis, tous trois s'élancèrent vers la frontière de la Navarre, où ils arrivèrent après trois jours de marche, et où il fut admirablement reçu par le roi Jean d'Albret, frère de sa femme.

De la Navarre, César comptait passer

en France, et, de la France, faire, avec le secours du roi Louis XII, une tentative sur l'Italie; mais pendant sa détention au château de Medina del Campo, Louis XII avait fait la paix avec l'Espagne; de sorte que, lorsqu'il apprit la fuite de César, au lieu de le soutenir comme il avait quelque droit de s'y attendre, étant son parent par alliance, il lui ôta son duché de Valentinois et le dépouilla de sa pension. Mais il restait à César à peu près deux cent mille ducats sur les banquiers de Gênes; il leur écrivit pour lui faire passer cette somme, avec laquelle il comptait lever quelques troupes en Espagne et en Navarre, et faire une tentative sur Pise:

cinq cents hommes , deux cent mille ducats, son nom et son épée, c'était plus
qu'il n'en fallait pour ne pas perdre toute
espérance.

Les banquiers nièrent le dépôt.

César se trouva à la merci de son beau-
frère.

Un des vassaux du roi de Navarre,
nommé le prince Alarino, venait alors de
se révolter : César prit le commandement
de l'armée que Jean d'Albret envoya contre lui, suivi par Michelotto, aussi fidèle
à sa mauvaise qu'à sa bonne fortune.

Grâce au courage de César et aux savantes dispositions qu'il prit, le prince Alarino fut battu dans une première rencontre ; mais, le surlendemain de cette défaite, celui-ci, ayant rallié son armée, présenta le combat vers les trois heures de l'après-midi : César l'accepta.

Pendant près de quatre heures on se battit de part et d'autre avec acharnement ; mais enfin, comme le jour commençait à baisser, César voulut décider la bataille en chargeant lui-même, à la tête d'une centaine d'hommes d'armes, sur un corps de cavalerie qui faisait la principale force de son adversaire ; mais, à son grand

étonnement, au premier choc cette cavalerie lâcha pied, et prit la fuite, se dirigeant vers un petit bois où elle semblait
chercher un refuge. César la poursuivit la
lance dans les reins jusqu'à la lisière de la
forêt; mais là, tout à coup ceux qu'il
poursuivait firent volte-face, trois ou
quatre cents archers s'élancèrent hors du
bois et leur vinrent en aide; les compagnons de César, voyant alors qu'ils étaient
tombés dans une embuscade, prirent la
fuite et abandonnèrent lâchement leur
maître.

Resté seul, César ne voulut pas reculer
d'un pas; peut-être aussi avait-il assez de

la vie, et son héroïsme lui venait-il plutôt du dégoût que du courage : quoi qu'il en soit, il se défendit comme un lion ; mais criblé de flèches et de traits d'arbalète, son cheval finit par s'abattre en lui engageant la jambe. Aussitôt ses adversaires fondirent sur lui, et l'un d'eux, lui posant une pique à fer mince et aigu au défaut de la cuirasse, lui traversa la poitrine : César jeta un blasphême au ciel et mourut.

Cependant, le reste de l'armée avait été défait, grâce au courage de Michelotto, qui s'était battu de son côté en vaillant condottiere ; mais, en revenant le soir au camp, il apprit par ceux qui avaient pris

la fuite qu'ils avaient abandonné César, et
que César n'avait point reparu. Alors trop
certain, d'après le courage bien connu de
son maître, qu'il lui était arrivé malheur,
il voulut lui donner une dernière preuve
de son dévouement en n'abandonnant
point son corps aux loups et aux oiseaux
de proie. Il fit donc allumer des torches ;
car il faisait nuit close, et dix ou douze de
ceux qui avaient poursuivi avec César la
cavalerie jusqu'au petit bois, ayant con-
senti à l'accompagner, il se mit à la recherche de son maître. Arrivé à l'endroit
indiqué, il vit cinq hommes étendus à
côté l'un de l'autre : quatre étaient habil-
lés ; mais le cinquième, qu'on avait dé-

pouillé de ses vêtements, était entièrement nu. Michelotto descendit de son cheval, lui souleva la tête en l'appuyant sur son genou, et, à la lueur des torches, il reconnut César.

Ainsi tomba, le 10 mars 1507, sur un champ de bataille inconnu, près d'un village ignoré que l'on appelle Viane, à la suite d'une mauvaise escarmouche avec le vassal d'un roitelet, celui que Machiavel présente aux princes comme un modèle d'habileté, de politique et de courage.

Quant à Lucrèce, la belle duchesse de

Ferrare, elle mourut pleine de jours et
d'honneurs, adorée par ses sujets comme
une reine, et chantée comme une déesse
par l'Arioste et par Bembo.

————

Il y avait une fois à Paris, à ce que ra-
conte Bocace, un brave et honnête
homme, négociant de son état, nommé
Jean de Civigny, lequel faisait un grand
commerce de draperie, et qui s'était lié
par des relations d'affaires et des rapports
de voisinage avec un de ses confrères très
riche, nommé Abraham, qui, quoique
juif, jouissait d'une bonne réputation. Or,
Jean de Civigny, ayant apprécié les qualités du digne israélite, en vint à craindre

que, si galant homme qu'il fût, sa fausse croyance ne menât tout droit son âme à la perdition éternelle; de sorte qu'il commença à le prier doucement et amicalement de renoncer à l'erreur dans laquelle il était et d'ouvrir les yeux à la foi chrétienne, laquelle, ainsi qu'il pouvait en juger, prospérait et augmentait tous les jours, tant elle était la seule vraie et bonne; tandis que la sienne, et la chose était visible, diminuait si fort, qu'elle ne tarderait pas de disparaître entièrement du monde. Le juif, de son côté, répondait qu'excepté dans la religion juive, il n'y avait pas de salut, qu'il y était né, qu'il prétendait y vivre et mourir, et qu'il ne connaissait au-

cune chose au monde qui pût l'amener à
un autre avis. Néanmoins, dans sa ferveur
convertissante, Jean ne se tenait pas pour
battu, et il n'y avait point de jour que, par
ces bonnes paroles avec lesquelles le marchand séduit l'acheteur, il ne démontrât la
supériorité de la religion chrétienne sur la
religion juive; et quoique Abraham fût un
grand maître dans la loi de Moïse, soit à
cause de l'amitié qu'il portait à Jean de Civigny, soit que le Saint-Esprit descendît
sur la langue du nouvel apôtre, il commença enfin à goûter les prédications du
digne marchand, quoique cependant, toujours obstiné dans sa croyance, il n'en
voulût décidément pas changer : mais

d'autant plus il persistait dans son erreur,
d'autant plus Jean s'entêtait à sa conver-
sion; si bien qu'avec l'aide de Dieu, ce
dernier ayant fini par l'ébranler à force
d'instances, Abraham lui dit un jour :

— Écoute, Jean; puisque tu as tant à
cœur que je me convertisse, me voilà disposé à te faire ce plaisir; mais auparavant
je veux aller à Rome voir celui que tu ap-
pelles le vicaire de Dieu sur la terre, étudier sa façon de vivre et ses mœurs, ainsi
que celles de ses frères les cardinaux; et
si, comme je n'en doute pas, elles sont en
harmonie avec la morale que tu me prê-
ches, j'avouerai, comme tu as pris tant de

peine à me le démontrer, que ta foi est
meilleure que la mienne, et je ferai ce que
tu désires ; mais, au contraire, si cela n'est
pas, je resterai juif comme je suis ; car ce
n'est point la peine, à mon âge, de changer ma croyance contre une plus mauvaise.

Jean fut fort désolé lorsqu'il entendit ces
paroles ; car il se dit alors tristement à
lui-même : — Voilà que j'ai perdu le temps
et la peine que je croyais avoir si bien em-
ployés lorsque j'espérais avoir converti ce
malheureux Abraham ; car, s'il a le malheur d'aller, comme il le dit, à la cour de
Rome, et d'y voir la vie scélérate qu'y

mènent les gens d'église, au lieu de se faire
chrétien, de juif qu'il est, il se ferait bien
plutôt juif s'il était chrétien. — Alors, se
retournant vers Abraham, il lui dit : —
Eh ! mon ami, pourquoi veux-tu prendre
une si grande fatigue et faire une si grande
dépense que d'aller à Rome? sans compter
que par terre ou par mer, pour un homme
riche comme tu l'es, la route est pleine de
dangers. Crois-tu donc qu'il n'y aura pas
bien ici quelqu'un pour te donner le baptême? et s'il te reste quelques doutes à
l'endroit de la foi que je t'ai démontrée, où
trouveras-tu mieux qu'ici des théologiens
capables de les combattre et de les dé-
truire? C'est pourquoi, vois-tu, ce voyage

me semble tout à fait superflu ; figure-toi bien que les prélats sont là-bas ce que tu les as vus ici, et d'autant meilleurs qu'ils approchent davantage du pasteur suprême. Eh ! donc, si tu en crois mon conseil, tu remettras cette fatigue pour le moment où, ayant commis quelque gros péché, tu en voudras avoir l'absolution ; et alors je te ferai compagnie, et nous irons ensemble.

Mais le juif répondit :

— Je crois, mon cher Jean, que toutes choses sont comme tu me les as dites ; mais tu sais comme je suis entêté. J'irai donc à Rome, ou je ne me ferai pas chrétien.

Alors Jean, voyant sa volonté, jugea qu'il était inutile de la combattre plus longtemps, et lui souhaita un bon voyage ; seulement il perdit en lui-même tout espoir ; car il était certain que, si la cour de Rome était encore ce qu'il l'avait vue lui-même, son ami reviendrait de son pèlerinage plus juif que jamais.

Cependant Abraham monta à cheval, et, du meilleur train qu'il put, s'achemina vers Rome, où étant enfin arrivé il fut merveilleusement reçu par ses co-reli-

gionnaires : et là , s'étant arrêté un assez
long temps , il commença d'étudier les
façons de faire du pape , des cardinaux ,
des autres prélats et de toute la cour. Mais,
à son grand étonnement , tant par ce qui
se passa sous ses yeux que par ce qu'on
lui raconta , il trouva que , depuis le pape
jusqu'au dernier sacristain de Saint-Pierre,
tous commettaient de la manière la plus
déshonnête du monde le péché de la luxure ; et cela sans aucun frein , remords ,
ni honte : de sorte que les belles filles et les
beaux jeunes gens avaient pouvoir d'obtenir toutes les grâces et toutes les faveurs.
Et , en outre de cette luxure à laquelle ils
s'adonnaient si publiquement , il vit qu'ils

étaient gourmands et buveurs; et cela à
tel point, qu'ils se faisaient plus esclaves
de leur ventre que ne le sont les animaux
les plus gloutons. Et lorsqu'il regarda
encore plus avant, il découvrit qu'ils
étaient si avares et si cupides d'argent,
qu'ils vendaient et achetaient à deniers
comptant le sang humain et les choses
divines, et cela moins consciencieusement encore qu'on ne faisait à Paris des
draps et d'autres marchandises. Ayant
donc vu cela et encore beaucoup d'autres
choses si honteuses qu'il ne convient pas
de les dire ici, il parut à Abraham, qui
était un homme chaste, sobre et droit, qu'il
en avait vu assez : si bien qu'il se résolut

de retourner à Paris ; ce qu'il fit avec la promptitude qui suivait d'ordinaire ses résolutions. Jean de Civigny lui fit grande fête à son retour, quoiqu'il eût perdu l'espoir de le revoir converti ; aussi lui laissat-il le loisir de se remettre avant de lui parler de rien, pensant qu'il serait toujours temps pour lui d'apprendre la mauvaise nouvelle à laquelle il s'attendait. Cependant, après quelques jours de repos, Abraham étant venu de lui-même faire une visite à son ami, Jean se hasarda à lui demander ce qu'il pensait du saint père, des cardinaux et des autres gens de la cour pontificale. A ces mots, le juif s'écria : — Que Dieu les damne tous tant qu'ils sont ! car , si bien que j'aie ouvert les yeux, je n'ai pu découvrir chez eux aucune sainteté , aucune dévotion , aucune bonne œuvre ; mais , au contraire , la luxure , l'avarice , la gourmandise , la fraude , l'envie , l'orgueil , et pis encore que tout cela , si toutefois il y a pis : si bien que toute la machine m'a paru marcher bien plutôt par une impulsion diabolique que par un mouvement divin. Or , comme d'après ce que j'ai vu , ma conviction profonde est que votre pape , et pa conséquent les autres avec lui , s'emploient de tout leur génie , de tout leur art , de toute leur sollicitude , à faire disparaître de la surface de la terre la religion chré-

tienne, dont ils devraient être la base et
le soutien, et comme, malgré toute la
peine et tout le soin qu'ils se donnent pour
arriver à ce but, je vois que votre religion
s'augmente chaque jour, et chaque jour
devient plus brillante et plus pure, il
me reste démontré que le Saint-Esprit lui-
même la protège et la défend comme la
seule vraie et comme la plus sainte : c'est
pourquoi, autant avant d'aller à Rome tu
m'avais trouvé sourd à tes avis et rebelle à
ton désir, autant, depuis que je suis revenu de cette Sodome, j'ai l'inébranlable
résolution de me faire chrétien. Allons
donc de ce pas à l'église, mon cher Jean ;
car je suis tout prêt à me faire baptiser.

Et maintenant il n'y a pas besoin de
dire si Jean de Civigny, qui s'attendait à
un refus, fut heureux de ce consentement :
aussi, sans aucun retard, il s'achemina
avec son filleul vers Notre-Dame de Paris,
où il pria le premier prêtre qu'il rencontra
d'administrer le baptême à son client, ce
que celui-ci s'empressa de faire : moyennant quoi, le nouveau converti échangea
son nom juif d'Abraham contre le nom
chrétien de Jean : et comme le néophyte
avait, grâce à son voyage à Rome, acquis
une foi profonde, les bonnes qualités qu'il
avait déjà s'accrurent tellement dans la
pratique de notre sainte religion, qu'après

une vie exemplaire, il mourut en odeur de sainteté.

———

Ce conte de Boccace répond si admirablement au reproche d'irréligion que pourraient nous faire ceux qui se tromperaient à nos intentions, que, ne comptant pas y faire d'autre réponse, nous n'avons point hésité à le mettre tout entier sous les yeux de nos lecteurs.

Au reste, n'oublions pas que, si la papauté a eu ses Innocent VIII et ses Alexandre VI, qui en sont la honte, elle a eu aussi ses Pie VII et ses Grégoire XVI, qui en sont l'honneur.

NOTE.

Le poison des Borgia, disent les auteurs contemporains, était de deux sortes : en poudre et liquide.

Le poison en poudre était une espèce de farine blanche presque impalpable, ayant le goût du sucre, et que l'on nommait *Cantarelle*. On ignorait sa composition.

Quant au poison liquide, il se préparait, à ce qu'on assure, d'une façon assez étrange pour ne la point passer sous silence. Nous rapportons, au reste, ce que nous lisons, et ne prenons rien sur nous, de peur que la science ne nous donne un démenti.

« On faisait avaler à un sanglier une forte dose d'arsenic ; puis, au moment où le poison commençait à agir, on pendait l'animal par les pieds ; bientôt les convulsions se déclaraient, et une bave mortelle et abondante découlait de sa gueule ; c'était cette bave recueillie dans un plat d'argent et transvasée dans un flacon hermétiquement fermé qui formait le poison liquide. »

FIN DES BORGIA.

LES CENCI.

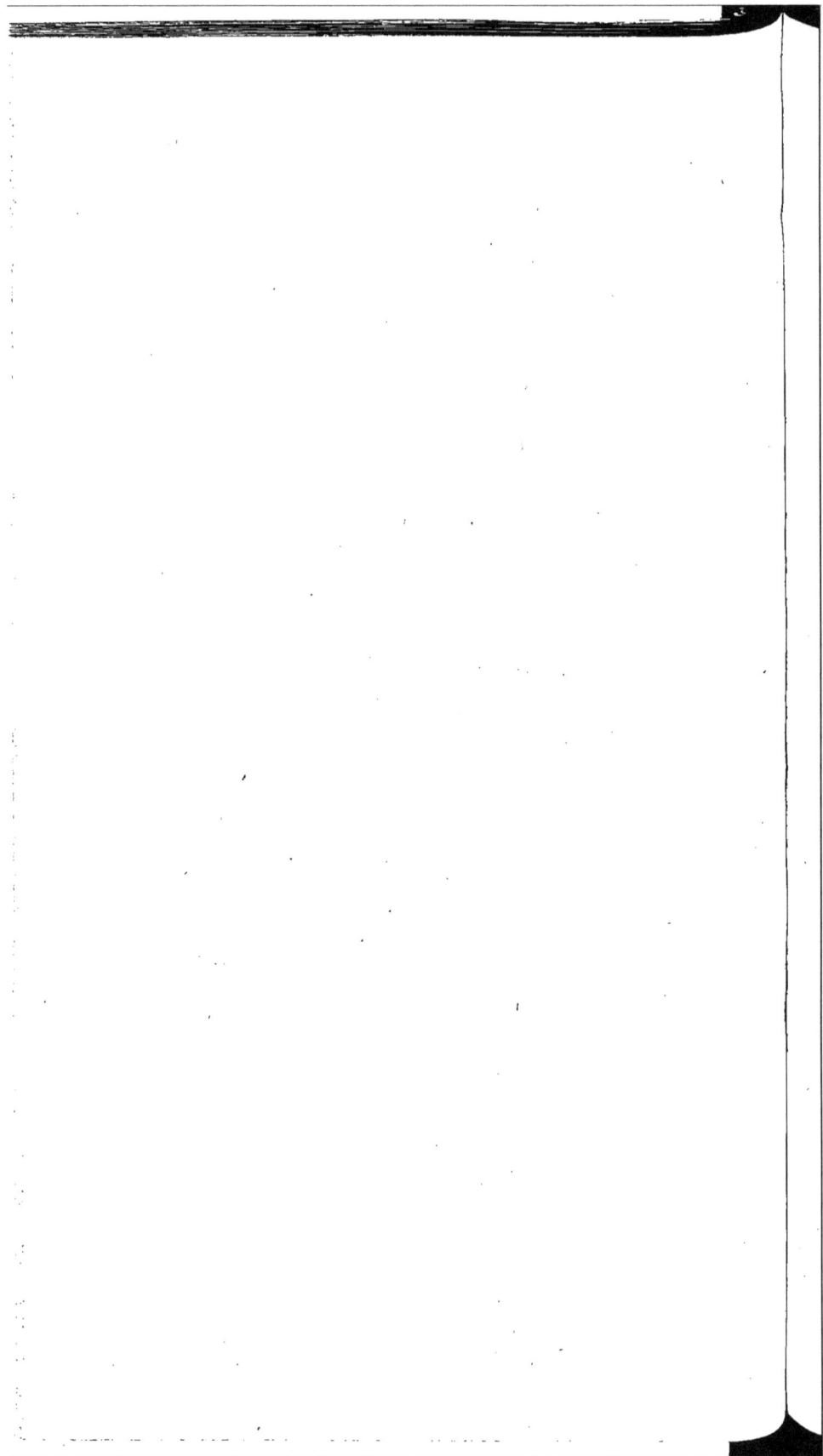

LES CENCI.

(1598)

Si vous allez à Rome et que vous visitiez la villa Pamfili, sans doute, après avoir été chercher sous ces grands pins et le long de ces canaux l'ombre et la fraîcheur, si rares dans la capitale du monde chrétien, vous redescendrez vers le mont Janicule, par un délicieux chemin, au milieu duquel

vous reconnaîtrez la fontaine Pauline. Ce
monument dépassé, et après vous être arrêté un instant sur la terrasse de l'église de
Saint-Pierre in Montorio, qui domine
Rome tout entière, vous visiterez le cloître
du Bramante, au centre duquel, dans un
enfoncement de quelques pieds, est bâti,
sur la place même où fut crucifié saint
Pierre, un petit temple moitié grec, moitié chrétien; puis vous remonterez par
une porte latérale dans l'église elle-même.
Là, le cicerone obligé vous fera voir, dans
la première chapelle à droite, le Christ fla-
gellé de Sébastien del Piombo, et dans la
troisième chapelle à gauche, un Christ au
sépulcre, par le Fiamingo : ces deux chefs-

d'œuvre examinés à loisir, il vous conduira à chaque extrémité de la croix transversale, et vous montrera, d'un côté, un tableau de Salviati, sur ardoise, et de l'autre une peinture de Vasari ; puis, vous faisant voir tristement, sur le maître-autel, une copie du martyre de saint Pierre, du Guide, il vous racontera que c'était là que fut adorée, pendant trois siècles, la Transfiguration du divin Raphaël, enlevée par les Français en 1809, et rendue au pape par les alliés en 1814. Comme vous aurez déjà probablement admiré ce chefd-'œuvre au Vatican, laissez-le dire, et cherchez au pied de l'autel une dalle tumulaire que vous reconnaîtrez à une croix et au simple mot : *Orate* ; c'est sous cette dalle qu'est enterrée Béatrix Cenci, dont l'histoire tragique a dû vous laisser un si profond souvenir.

Elle était fille de Francesco Cenci. Pour peu que l'on croie que les hommes naissent en harmonie avec leur siècle, et que les uns le résument en bien, et les autres en mal, peut-être sera-t-il curieux pour nos lecteurs de jeter un coup-d'œil rapide sur la période qui venait de s'écouler lorsque s'accomplirent les événements que nous allons raconter. Francesco Cenci leur apparaîtra alors comme l'incarnation diabolique de son époque.

Le 11 août 1492, après la lente agonie
d'Innocent VIII, pendant laquelle deux
cent vingt meurtres furent commis dans
les rues de Rome, Alexandre VI était monté
sur le trône pontifical. Fils d'une sœur du
pape Calixte III, Roderic Lenzuoli Borgia
avait eu, avant d'être cardinal, cinq enfants
de Rose Vanozza, qu'il avait fait épouser
ensuite à un riche Romain. Ces enfants é-
taient :

François, qui fut duc de Gandie ;

César, qui fut évêque et cardinal, puis
duc de Valentinois ;

Lucrèce qui, après avoir eu pour amants

son père et ses deux frères, fût mariée quatre fois : la première à Jean Sforce, seigneur de Pezaro, qu'elle quitta pour cause d'impuissance ; la seconde, à Alphonse, duc de Bisiglia, que César fit assassiner ; la troisième, à Alphonse d'Est, duc de Ferrare, dont un second divorce la sépara ; enfin, la quatrième, à Alphonse d'Aragon, qui fut d'abord poignardé sur les marches de la basilique de Saint-Pierre, puis étranglé trois semaines après, parce qu'il ne mourait pas assez vite de ses blessures, qui cependant étaient mortelles ;

Guifry, comte de Squillace, dont on sait peu de chose ;

Puis enfin un dernier dont on ne sait rien
du tout.

Le plus connu de ces trois frères était
César Borgia : il avait tout arrangé pour
être roi d'Italie à la mort de son père, et
ses mesures étaient prises de manière à ne
pas lui laisser de doutes sur la réussite de
ce vaste projet. Tous les cas étaient prévus, excepté un seul ; mais ce cas, il eût
fallu être Satan lui-même pour le deviner.
Le lecteur en jugera.

Le pape avait invité à souper le cardinal
Adrien dans sa vigne du Belvédère : le cardinal Adrien était fort riche, et le pape dé-

sirait en hériter comme il avait fait déjà des cardinaux de Saint-Ange, de Capoue et de Modène. En conséquence, César Borgia avait envoyé deux bouteilles de vin empoisonné à l'échanson de son père, sans le mettre dans sa confidence; seulement il lui avait recommandé de n'employer ce vin que lorsqu'il lui en donnerait l'ordre : malheureusement, pendant le souper, l'échanson s'éloigna un instant, et dans cet intervalle un domestique maladroit servit justement de ce vin au pape, à César Borgia et au cardinal de Corneto (1).

(1) Paolo Giovio, *Vie de Léon X*, livre II, page 82. — *Vie du cardinal Pompée Colonna*, page 358. — Stendhal, *Promenades dans Rome.*

Alexandre VI mourut au bout de quelques jours : César Borgia fut cloué dans
son lit, où il changea entièrement de peau ;
enfin le cardinal de Corneto, après avoir
perdu la vue et l'usage de ses sens, fit une
maladie dont il pensa mourir.

Pie III succéda à Alexandre VI et régna
vingt-cinq jours ; le vingt-sixième il fut
empoisonné.

César Borgia avait dix-huit cardinaux
espagnols qui lui devaient leur entrée dans
le sacré collége : ces cardinaux étaient entièrement à lui, et il en pouvait faire ce

qu'il voulait. Comme il était toujours mourant et qu'il n'en pouvait rien faire pour
lui-même, il les vendit à Julien de la Rovère, et Julien de la Rovère fut élu pape
sous le nom de Jules II. A la Rome de Né-
ron succéda l'Athènes de Périclès.

Léon X continua Jules II, et le christia-
nisme prit sous son pontificat un caractère
païen qui, passant de l'art dans les mœurs,
donne à cette époque un caractère étrange.
Les crimes ont momentanément disparu
pour faire place aux vices ; mais à des vices charmants, à des vices de bon goût,
comme ceux que pratiquait Alcibiade et
que chantait Catule. Léon X mourut après

avoir réuni sous son règne, qui avait duré huit ans, huit mois et dix-neuf jours, Michel-Ange, Raphaël, Léonard de Vinci, le Corrége, le Titien, André del Sarto, le Frate, Jules Romain, l'Arioste, Guichardin et Machiavel.

Jules de Médicis et Pompée Colonna étaient sur les rangs pour lui succéder. Comme c'étaient deux politiques habiles, deux courtisans rompus aux affaires, et de plus deux hommes d'un mérite réel et presque égal, ni l'un ni l'autre ne pouvait obtenir la majorité, et le conclave se prolongeait au grand ennui des cardinaux. Or, il arriva qu'un jour un cardinal, plus ennuyé que les autres, proposa d'élire, au lieu de Médicis ou de Colonna, le fils, les uns disent d'un tisserand, et les autres d'un brasseur de bière d'Utrecht, auquel personne n'avait pensé jusqu'alors, et qui était pour le moment gouverneur de la monarchie en Espagne, en l'absence de Charles-Quint. La plaisanterie eut du succès, tous les cardinaux applaudirent à la proposition de leur collègue, et Adrien fut nommé pape par hasard.

C'était un véritable Flamand qui ne savait pas un mot d'italien. Lorsqu'il arriva à Rome et qu'il vit les chefs-d'œuvre grecs rassemblés à si grands frais par Léon X, il voulut les faire briser, en s'écriant : *Sunt idola antiquorum*. Son premier soin fut d'envoyer le nonce François Chérégat à la diète de Nuremberg, assemblée au sujet des troubles de Luther, avec des instructions qui donnent une idée des mœurs de l'époque.

« Avouez ingénument, dit-il, que Dieu a permis ce schisme et cette persécution à cause des péchés des hommes, et surtout de ceux des prêtres et des prélats de l'Église, car nous savons qu'il s'est passé dans le saint-siége beaucoup de choses abominables. »

Adrien voulait ramener les Romains aux mœurs simples et austères de la primitive Église, et porta à cet effet la réforme jusque dans les moindres détails. De cent palefreniers qu'avait Léon X, par exemple, il n'en conserva que douze, afin, disait-il, d'en avoir deux de plus que les cardinaux.

Un pareil pape ne pouvait régner longtemps ; aussi mourut-il après une année de pontificat. Le lendemain de sa mort, on trouva la porte de son médecin ornée de guirlandes de fleurs, avec cette inscription : *Au libérateur de la patrie.*

Jules de Médicis et Pompée Colonna se
retrouvèrent sur les rangs. Les intrigues
recommencèrent, et le conclave se trouva
de nouveau partagé de telle façon, que les
cardinaux crurent un instant qu'ils ne
pourraient s'en tirer que comme ils avaient
déjà fait, c'est-à-dire en élisant un troisième compétiteur ; il était même déjà question du cardinal Orsini, lorsque Jules de
Médicis s'avisa d'un expédient assez ingénieux. Il lui manquait cinq voix ; cinq de
ses partisans offrirent à cinq des partisans
de Colonna de parier cent mille ducats
contre dix mille que Jules de Médicis ne
serait pas élu. Au premier tour de scrutin
qui suivit le pari, Jules de Médicis eut les

cinq voix qui lui manquaient : il n'y avait
rien à dire, les cardinaux ne s'étaient point
vendus ; ils avaient parié, voilà tout.

En conséquence, le 18 novembre 1523,
Jules de Médicis fut proclamé pape sous le
nom de Clément VII. Le même jour, il
paya généreusement les cinq cent mille
ducats que ses cinq partisans avaient
perdus.

Ce fut sous ce pontificat, et durant les
sept mois où Rome, conquise par les soldats luthériens du connétable de Bourbon,
voyait commettre sur les choses saintes

les plus affreuses profanations, que naquit Francesco Cenci.

C'était le fils de monsignor Nicolas Cenci, trésorier apostolique sous le pontificat de Pie V. Ce vénérable prélat s'étant beaucoup plus occupé de l'administration spirituelle que de l'administration temporelle de son royaume, Nicolas Cenci avait profité de ce détachement des choses mondaines pour amasser un revenu net de cent soixante mille piastres, à peu près deux millions cinq cent mille francs de notre monnaie. Francesco Cenci, qui était son fils unique, hérita de cette fortune.

Il avait passé sa jeunesse sous des papes si occupés du schisme de Luther, qu'ils n'avaient guère le temps de penser à autre chose. Il en résulta que Francesco Cenci, né avec des instincts mauvais et maître d'une fortune immense qui lui permettait d'acheter l'impunité, s'abandonna à tous les désordres de son tempérament fougueux et passionné. Mis trois fois en prison pour des amours infâmes, il s'en tira moyennant deux cent mille piastres, cinq millions de francs à peu près. Il faut dire aussi qu'à cette époque les papes avaient grand besoin d'argent.

Ce fut surtout sous Grégoire XIII que

l'on commença de s'occuper sérieusement de Francesco Cenci. Il est vrai que ce pontificat prêtait merveilleusement au développement d'une réputation comme celle à laquelle visait cet étrange don Juan. Sous le Bolonais Buoncompagni, tout était permis à Rome à quiconque pouvait payer à la fois l'assassin et les juges. Le viol et le meurtre étaient choses si communes, que la justice publique s'occupait à peine de ces bagatelles, si personne n'était là pour poursuivre le coupable; aussi Dieu récompensa le bon Grégoire XIII de son indulgence : il eut la joie de voir la Saint-Barthélemy.

A cette époque, Francesco Cenci était déjà un homme de quarante-quatre à quarante-cinq ans, de cinq pieds quatre pouces à peu près, fort bien pris dans toute sa taille et très fort, quoiqu'il semblât un peu maigre. Il avait les cheveux grisonnants, les yeux grands et expressifs, quoique la paupière supérieure retombât un peu trop, le nez long, les lèvres minces et le sourire plein de grâce ; ce sourire, au reste, changeait facilement d'expression, et devenait terrible lorsque son œil rencontrait un ennemi ; alors, et pour peu qu'il fût ému ou irrité, un tremblement nerveux le prenait, qui se prolongeait en frissonnements longtemps après que la crise qui l'avait fait

naître était passée. Adroit à tous les exer-
cices du corps et surtout à l'équitation, il
allait quelquefois d'une seule traite de
Rome à Naples, bien qu'il y ait quarante-
une lieues de l'une à l'autre ville, passant
par les bois de San-Germano et les marais
Pontins sans s'inquiéter des brigands,
quoiqu'il fût seul et quelquefois sans autres armes que son épée ou son poignard.
Quand son cheval tombait de lassitude, il
en achetait un autre; si l'on ne voulait pas
le lui vendre, il le prenait de force; si l'on
résistait, il frappait, et cela toujours par
la pointe, et jamais avec la poignée. Au
reste, comme il était connu dans tous les
états de Sa Sainteté, et qu'on le savait gé-

néreux, personne ne s'opposait à sa volonté, les uns cédant par crainte, les autres
par intérêt. D'ailleurs, impie, sacrilége et
athée, il n'entrait jamais dans une église,
ou, s'il y entrait, c'était pour blasphémer
Dieu. Beaucoup disaient qu'il était avide
d'événements bizarres, et qu'il n'y avait
pas de crime qu'il n'eût commis, s'il avait
cru trouver dans son accomplissement une
seule sensation nouvelle.

Il avait épousé, à l'âge de quarante-cinq
ans à peu près, une femme fort riche, dont
aucun chroniqueur ne dit le nom. Elle
mourut, lui laissant sept enfants, cinq
garçons et deux filles. Alors, il épousa, en

secondes noces, Lucrezia Petroni, qui, à part son teint, qui était d'une blancheur éclatante, offrait le type parfait de la beauté romaine. Ce second mariage fut stérile.

Comme si Francesco Cenci n'avait dû éprouver aucun des sentiments naturels à l'homme, il détestait ses enfants, et ne se donnait point la peine de cacher la haine qu'il leur portait. Un jour qu'il faisait bâtir, dans la cour de son magnifique palais, situé près du Tibre, une église dédiée à saint Thomas, il dit à l'architecte, en lui faisant faire le plan d'un caveau mortuaire : « C'est là que j'espère les mettre tous. » L'architecte avoua souvent depuis qu'il avait été épouvanté du rire qui accompagna ces paroles, et que s'il n'y avait pas eu tant à gagner à travailler pour Francesco Cenci, il eût refusé de continuer son ouvrage.

Aussi, à peine ses fils purent-ils se conduire seuls, qu'il envoya les trois aînés, Jacques Christophe et Roch, à l'université de Salamanque en Espagne ; sans doute il pensait qu'il suffisait de les éloigner de lui pour en être débarrassé à toujours ; car à peine furent-ils partis qu'il ne songea plus à eux, pas même pour leur envoyer de quoi vivre. Aussi après quelques mois de lutte et de misère, les trois malheureux jeunes gens furent-ils obligés de quitter Salamanque : ils revinrent en mendiant tout le long de la route, traversèrent la France et l'Italie à pied et nu-pieds, et regagnèrent Rome, où ils trouvèrent leur père plus sévère, plus âpre et plus rigide que jamais.

C'était dans les premières années du règne de Clément VIII, qui était renommé pour sa justice. Les trois jeunes gens résolurent de s'adresser à lui, afin d'obtenir que sur les immenses richesses de leur père, Sa Sainteté ordonnât qu'il leur fût fait une petite pension. Ils allèrent en conséquence trouver le pape à Frascati, où il faisait bâtir la belle villa Aldobrandini, et lui exposèrent leur cause ; le pape reconnut leur droit, et força Francesco à leur faire à chacun une pension de deux mille écus. Francesco chercha par tous les moyens possibles à éluder cette décision ; mais il reçut des ordres si précis, qu'il lui fallut obéir.

Ce fut vers cette époque qu'il fut, pour la troisième fois, mis en prison pour ses amours infâmes. Ses trois fils alors s'adressèrent de nouveau au pape, disant que leur père déshonorait leur nom, et le suppliant de déployer à son égard toute la sé-

vérité de la loi. Le pape trouva une pareille démarche odieuse, et les chassa hon-
teusement de sa présence. Quant à Francesco, il s'en tira, cette fois encore, comme
il avait fait pour les deux autres, c'est-à-
dire à prix d'argent.

On comprend que cette démarche ne
changea point en amour la haine que Francesco portait à ses enfants ; seulement,
comme les fils pouvaient se soustraire à la
colère paternelle, indépendants qu'ils é-
taient par la pension qu'ils avaient obte-
nue, cette colère retomba sur ses deux
malheureuses filles. Bientôt leur situation
devint si intolérable, que l'aînée, quoique

surveillée de près, parvint à faire remettre au pape une supplique, dans laquelle elle lui racontait les mauvais traitements auxquels elle était en butte, et suppliait Sa Sainteté de la marier ou de la placer dans un monastère. Clément VIII eut pitié d'elle ; il força Francesco Cenci à lui donner une dot de soixante mille écus, et la fit épouser à Carlo Gabrielli, d'une noble famille du Gubbio. Francesco pensa devenir fou de colère en se voyant arracher cette victime.

Vers le même temps, la mort se chargea d'en délier deux autres : Roch et Christophe Cenci furent tués à un an de dis-

tance, l'un par un charcutier dont on
ignore le nom, l'autre par Paul Corso de
Massa : ce fut une consolation à la douleur
de Francesco, qui poursuivit de son avarice ses fils jusqu'après leur mort ; car il
signifia aux prêtres qu'il ne dépenserait
pas un bajocco pour les frais de l'Église.
Ils furent donc apportés aux caveaux qu'il
leur avait fait préparer sous ses yeux,
dans la bière des mendiants : et lorsqu'il
les y vit couchés tous deux, il s'écria qu'il
était déjà bien heureux d'être débarrassé
de deux si mauvaises créatures ; mais
qu'il ne le serait complètement que lorsque ses cinq autres enfants seraient dé-
posés près des deux premiers ; et que lors-

que le dernier viendrait enfin à trépasser, il voulait, en signe de joie, illuminer son palais en y mettant le feu.

Cependant Francesco avait pris toutes ses précautions pour que sa seconde fille, Béatrix Cenci, ne suivît point l'exemple de la première. C'était alors une enfant de douze à treize ans, belle et innocente comme les anges. De longs cheveux blonds, cette beauté si rare en Italie, que Raphaël, la croyant divine, l'a donnée à toutes ses madones, découvraient en se partageant un front admirablement formé, et flottaient en grosses boucles sur ses épaules ; ses yeux, d'un bleu d'azur, étaient de la plus céleste expression; sa taille était moyenne, mais bien proportionnée, et dans les courts instants où son caractère naturel pouvait se faire jour à travers ses larmes, il reparaissait vif, joyeux et compatissant, mais en même temps plein de fermeté.

Afin d'être sûr d'elle, Francesco la tenait enfermée dans une chambre retirée de son palais, dont lui seul avait la clef. Là, l'étrange et inflexible geôlier venait la visiter chaque jour pour lui apporter ses repas. Jusqu'à cet âge de treize ans, auquel elle était enfin parvenue, il s'était montré pour elle d'une dureté implacable; mais bientôt, au grand étonnement de la pauvre

Béatrix, il s'adoucit. C'est que Béatrix d'enfant devenait jeune fille : c'est que sa beauté s'ouvrait comme une fleur ; c'est que Francesco, à qui aucun crime ne devait être étranger, avait jeté un regard incestueux sur elle.

On comprend qu'avec l'éducation qu'avait reçue Béatrix, éloignée comme elle l'était de toute société, même de celle de sa belle-mère, elle fût ignorante du mal comme du bien : elle était donc plus facile à perdre qu'une autre ; et cependant Francesco ne mit pas moins en œuvre, pour cet acte de démon, toutes les ressources de son esprit.

Pendant quelque temps Béatrix fut ré-
veillée, chaque nuit, par une musique délicieuse qui lui semblait venir du paradis.
Lorsqu'elle en parlait à son père, il la laissait dans cette persuasion, ajoutant que si
elle était douce et obéissante, bientôt, par
une récompense spéciale de Dieu, ce ne
serait plus assez pour elle d'entendre,
mais qu'elle verrait.

En effet, une nuit que, accoudée sur son
lit, la jeune fille écoutait cette ravissante
harmonie, la porte de sa chambre s'ouvrit
tout à coup, et de l'obscurité où elle était,
ses regards plongèrent dans des apparte-
ments chaudement éclairés et pleins de ces

parfums comme on en respire dans les rê-
ves ; de beaux jeunes gens et de belles
femmes à moitié nus , comme elle en avait
vus dans les tableaux du Guide et de Raphaël , se promenaient dans les apparte-
ments et semblaient pleins de joie et de
bonheur : c'étaient les mignons et les
courtisanes de Francesco qui, riche comme
un roi, renouvelait chaque nuit les orgies
d'Alexandre aux noces de Lucrèce , et les
débauches de Tibère à Caprée. Après une
heure, la porte se referma , et la vision sé-
ductrice disparut , laissant Béatrix pleine
de trouble et d'étonnement.

La nuit suivante, la même apparition se

renouvela ; seulement, cette nuit-là, Francesco Cenci entra dans la chambre de sa fille, et l'invita à prendre part à la fête. Francesco était nu. Sans savoir pourquoi, Béatrix comprit qu'elle ferait mal de céder aux instances de son père ; elle répondit que, ne voyant point parmi toutes ces femmes Lucrezia Petroni, sa belle-mère, elle n'osait quitter son lit pour aller ainsi avec des inconnues. Francesco menaça et pria ; mais menaces et prières furent inutiles. Béatrix s'enveloppa dans ses draps et refusa obstinément d'obéir à Francesco.

Le lendemain, elle se jeta sur son lit tout habillée. A l'heure habituelle, sa

porte s'ouvrit, et le spectacle nocturne reparut. Cette fois Lucrezia Petroni était au
nombre des femmes qui passaient devant
la porte de Béatrix ; la violence l'avait con-
trainte à cette humiliation. Béatrix était
trop loin pour voir sa rougeur et ses larmes. Francesco lui montra sa belle-mère,
qu'elle avait cherchée en vain la veille, et,
comme elle n'avait plus rien à dire, il
l'emmena toute confuse et toute rougis-
sante au milieu de cette orgie.

Là, Béatrix vit des choses inconnues et
infâmes !...

Néanmoins elle résista longtemps : une

voix intérieure lui disait que tout cela était horrible ; mais Francesco avait la lente persistance d'un démon. A ces spectacles, qu'il croyait propres à éveiller ses sens, il joignait des hérésies faites pour égarer son esprit : il lui disait que les plus grands saints que l'Eglise vénère étaient tous nés du commerce du père et de la fille ; et Béatrix avait commis un crime qu'elle ignorait encore ce que c'était qu'un péché (1).

(1). Voir pour tous ces détails, et pour d'autres plus étranges encore : *La funesta Morte di Giacomo e Beatrice Cenci*, par l'abbé Angelo Maio ; et *Muratori*, *Annales romaines* : là Muratori constate positivement le commerce du père et de sa fille, que d'autres historiens plus pudiques donnent seulement à entendre. Voici le texte italien :

« Restò Beatrice la minore in casa , e fatta grande e

Alors il n'y eut plus de bornes à sa brutalité : il forçait Lucrezia et Béatrix à partager le même lit, menaçant sa femme de
la tuer, si elle révélait par un mot à sa fille
ce qu'avait d'odieux une pareille commu-
nauté. Si bien que les choses durèrent
ainsi pendant près de trois années.

Vers ce temps, Francesco fut obligé de
faire un voyage : force lui fut alors de laisser les femmes seules et libres. La pre-

bella, soggiacque alle disordinate voglie de chi l'avea
procreata, giacchè fece egli credere non peccaminoso
un atto di tanta iniquità : non si vergognava il per-
verso uomo d'abusarsi della figlia sugli occhi della
stessa sua moglie, matrigna di lei. Dacchè la fanciulla
avertita della brutalità del padre, comenciò a ripugna-
re, si passò ad exigere colle battiture, ciò che con gli
inganni sulle prime era ottenuto. »

mière chose que fit aussitôt Lucrezia fut de révéler à Béatrix toute l'infamie de leur existence ; alors elles dressèrent ensemble un mémoire, dans lequel elles exposaient au pape tout ce qu'elles avaient eu à souffrir de coups et d'outrages. Mais, avant de partir, Francesco Cenci avait pris ses précautions ; tout ce qui entourait le pape lui était vendu ou espérait se vendre. La supplique ne parvint point aux mains de Sa Sainteté, et les deux pauvres femmes qui se rappelaient que Clément VIII avait autrefois chassé de sa présence Jacques, Christophe et Roch, se crurent comprises dans la même proscription, et se regardèrent comme abandonnées.

III. 13

Sur ces entrefaites, Jacques, profitant
de l'absence de son père, vint les visiter
avec un abbé de ses amis nommé Guerra ;
c'était un jeune homme de vingt-cinq à
vingt-six ans, issu d'une des plus nobles
familles de Rome, d'un caractère ardent,
résolu et courageux, et que toutes les femmes citaient pour sa beauté. En effet, il
avait, avec ses grands traits romains, des
yeux bleus d'une merveilleuse douceur,
de longs cheveux blonds, avec une barbe
et des sourcils châtains ; ajoutez à cela une
vaste instruction, une éloquence naturelle
pleine de charme, une voix douce au tim-
bre vibrant, et vous aurez une idée de
monsignor l'abbé Guerra.

A peine eut-il vu Béatrix qu'il en devint amoureux. De son côté, la jeune fille ne tarda point à se prendre de sympathie pour le beau prélat. Le concile de Trente n'avait point encore eu lieu, et, par conséquent, les ecclésiastiques pouvaient se marier. Il fut convenu qu'au retour de Francesco l'abbé Guerra demanderait la main de Béatrix à son père, et les femmes, heureuses de l'absence de leur maître, continuèrent de vivre en rêvant un meilleur avenir.

Après trois ou quatre mois, pendant lesquels on avait complètement ignoré ce qu'il était devenu, Francesco revint. Dès la première nuit, il voulut reprendre avec sa fille ses incestueux caprices ; mais Béatrix n'était plus la même : l'enfant timide et soumise était devenue une jeune fille outragée ; elle résista aux prières, aux menaces et aux coups ; elle était forte et quissante de son amour.

La colère de Francesco retomba sur sa femme, qu'il accusait de l'avoir trahi ; il la frappa rudement avec un bâton. Lucrezia Petroni était une véritable louve romaine, ardente en amour, ardente en vengeance : elle supporta tout, mais ne pardonna rien.

Cependant, au bout de quelques jours, l'abbé Guerra se présenta chez Francesco Cenci pour accomplir la démarche convenue. Guerra, riche, jeune, noble et beau, était dans toutes les conditions qui pouvaient lui donner de l'espérance, et cependant il fut brutalement éconduit par Francesco. Ce premier refus ne le rebuta point ; il revint à la charge une seconde et une troisième fois, insistant sur les convenances d'une pareille union. Enfin, Francesco, impatienté, répondit à cet amant obstiné qu'il y avait une raison pour que Béatrix ne fût ni sa femme ni la femme d'aucun autre. Guerra demanda quelle

était cette raison ; Francesco répondit :
« C'est qu'elle est ma maîtresse. »

Monsignor Guerra pâlit à une pareille
réponse, quoique d'abord il n'en crût pas
un mot ; mais, lorsqu'il vit de quel sourire
Francesco Cenci avait accompagné ses paroles, il fut bien forcé de croire que, si
terrible qu'elle fût, il lui avait dit la vérité.

Guerra fut trois jours sans pouvoir pénétrer jusqu'à Béatrix ; enfin il parvint à
elle. Son dernier espoir était que Béatrix
nierait de pareilles horreurs ; Béatrix

avoua tout. Dès lors il n'y eut plus aucun espoir humain pour les deux amants ; un abîme infranchissable les séparait. Ils se quittèrent tout en larmes, en se promettant de s'aimer toujours.

Cependant les deux femmes n'avaient encore pris aucune résolution criminelle, et peut-être tout se serait-il passé ainsi dans l'ombre et sans bruit, si, une nuit, Francesco ne fût rentré dans la chambre de sa fille et ne l'eût forcée par la violence à un nouveau crime. Dès lors tout fut dit, Francesco était condamné.

Nous l'avons dit, Béatrix avait une de

ces âmes capables des meilleurs comme
des plus mauvais sentiments : elie pouvait
monter jusqu'à l'excellent, et descendre
jusqu'au pire. Elle alla trouver sa mère,
lui raconta le nouvel outrage dont elle venait d'être victime : ce récit réveilla chez
l'autre femme le souvenir des mauvais
traitements qu'elle avait reçus ; et toutes
deux, s'excitant l'une à l'envi de l'autre,
décidèrent qu'il fallait tuer Francesco.

Guerra fut appelé à ce conseil de mort.
Il avait le cœur plein de haine, et ne demandait pas mieux que de se venger. Il se
chargea d'aller trouver Charles Cenci,
sans lequel les femmes ne voulaient rien

faire, attendu que, comme l'aîné, il était le chef de la famille. Jacques Cenci entra facilement dans la conspiration. On se rappelle ce qu'il avait eu autrefois à souffrir de son père ; depuis il s'était marié, et le vieillard inflexible l'avait laissé, lui, sa femme et ses enfants, dans la misère. On choisit l'appartement de monsignor Guerra pour traiter de la chose. Jacques trouva un premier sbire nommé Marzio, et monsignor Guerra un second sbire nommé Olympio.

Tous avaient des raisons de faire le crime, l'un par amour, l'autre par haine; Marzio, qui était au service de Jacques,

avait eu plusieurs fois l'occasion de voir
Béatrix et en était devenu amoureux, mais,
bien entendu, de cet amour silencieux et
sans espoir qui dévore l'âme. Dès qu'il
sut que le crime qui lui était proposé le
rapprochait de Béatrix, il accepta sans
autres conventions.

Quant à Olympio, il haïssait Francesco,
parce que Francesco lui avait fait perdre
sa place de châtelain de Rocca Petrella,
château-forteresse situé dans le royaume
de Naples et appartenant au prince Colonna. Presque tous les ans, Francesco
Cenci allait avec sa famille passer quelques
mois à Rocca Petrella, car le prince Co-

lonna, qui était un noble et magnifique seigneur qui avait souvent besoin d'argent et qui en trouvait dans la bourse de Francesco, avait de son côté tous les égards possibles pour son ami. Il en résulta que Francesco, croyant avoir des motifs de mécontentement contre Olympio, s'en plaignit au prince Colonna, et Olympio fut chassé.

Voici, après plusieurs entrevues, ce qui fut arrêté entre les deux femmes, Jacques et Guerra, Marzio et Olympio, dans des conférences où chacun donna son avis.

Le temps où Francesco Cenci avait

l'habitude de se rendre à Rocca Petrella
était proche : il fut convenu qu'on réunirait
une douzaine de bandits napolitains,
qu'Olympio, grâce à ses anciennes habitu-
des dans le pays, se chargea de fournir ;
ils se cacheraient dans une forêt qui se
trouvait sur la route, et, avertis du moment où Francesco Cenci se mettrait en
chemin, ils l'enlèveraient avec toute sa
famille. Alors on conviendrait d'une forte
rançon ; les fils seraient renvoyés à Rome
pour chercher la somme : mais, feignant
de ne pas la trouver, ils laisseraient passer
le temps fixé par les bandits, qui alors
tueraient Francesco. De cette manière,
tout soupçon de complicité était écarté,

et les véritables assassins échappaient à la justice.

Mais si bien combinée que fût la chose, elle ne put réussir. Lorsque Francésco partit de Rome, l'espion envoyé par les conjurés ne sut point trouver les brigands ; ceux-ci, n'étant point prévenus, ne purent accomplir la convention faite, et descendirent trop tard sur la route. Francesco était passé, et arrivait en ce moment sain et sauf à Rocca Petrella. Les bandits après avoir erré inutilement sur la route, comprirent que leur proie devait leur être échappée, et ne voulant pas rester plus longtemps dans un lieu où ils avaient déjà

séjourné près d'une semaine, ils prirent
le parti d'aller chercher ailleurs une ex-
pédition moins douteuse.

Pendant ce temps, Francesco s'était
établi dans la forteresse, et pour y être
plus libre de tyranniser Lucrezia et
Béatrix, il avait renvoyé à Rome Jacques
et les deux autres fils qui lui restaient. Là,
ses tentatives infâmes contre Béatrix recommencèrent, et cela à un tel point
qu'elle résolut d'accomplir elle-même l'ac-
tion qu'elle avait d'abord voulu confier à
d'autres mains.

Olympio et Marzio, qui n'avaient rien

à craindre de la justice, n'avaient point
cessé de rôder dans les environs : un jour,
Béatrix les aperçut de sa fenêtre, et leur
fit signe qu'elle avait quelque chose à leur
communiquer. La même nuit, Olympio,
qui, en ayant été châtelain, connaissait
toutes les issues de la forteresse, parvint
à y pénétrer avec son compagnon. Béatrix
les attendait à une fenêtre basse donnant
sur une cour retirée ; là elle leur donna
des lettres qu'elle avait préparées pour
monsignor Guerra et pour Jacques. Jacques devait approuver, comme la première fois le meurtre de son père ; car
Béatrix ne voulait rien faire sans son ap-
probation. Monsignor Guerra devait, lui,

payer mille piastres, moitié du prix convenu avec Olympio ; car, pour Marzio, il
faisait toutes choses par amour pour Béatrix, à laquelle il était resté dévot comme
à une Madone ; ce que voyant la jeune
fille, elle lui donna un beau manteau écarlate brodé d'un galon d'or, lui disant de le
porter pour l'amour d'elle. Quant au reste
de la somme, il serait payé par les deux
femmes après que la mort du vieillard
les aurait rendues maîtresses de sa fortune.

Les deux sbires partirent, et les prison-
nières attendirent avec anxiété leur retour.
Au jour convenu, elles les virent repa-

raître. Monsignor Guerra avait donné les
mille piastres, et Jacques son consentement. Rien ne s'opposait donc plus à l'exécution du terrible projet, et elle fut fixée
au 8 septembre, jour de la Nativité de la
Vierge; mais la signora Lucrezia, qui
était de cœur très religieux, ayant remar-
qué cette circonstance, ne voulut pas
commettre ainsi un double péché : la
chose fut donc remise au lendemain 9.

En conséquence, le 9 septembre 1598,
les deux femmes, en soupant avec le vieil-
vard, versèrent de l'opium dans son verre,
et cela avec tant d'adresse, que, si difficile
à tromper qu'il fût il ne s'en aperçut point,

et ayant avalé la liqueur soporifique, il tomba bientôt dans un profond sommeil.

Dès la veille, Marzio et Olympio avaient été introduits dans la forteresse, où ils s'étaient tenus cachés toute la nuit et tout le jour ; car, ainsi qu'on se le rappelle, c'était la veille qu'aurait eu lieu l'assassinat, s'il n'avait été retardé par les scrupules religieux de la signora Lucrezia Petroni. Vers minuit, Béatrix alla les tirer de leur retraite, et les conduisit à la chambre de son père, dont elle ouvrit elle-même la porte. Les assassins entrèrent, et les deux femmes attendirent l'événement dans la chambre voisine.

Au bout d'un instant, elles virent reparaître les sbires pâles et défaits, et comme ils secouaient la tête sans parler, elles comprirent que rien n'était accompli.

— Qu'y a-t-il donc, s'écria Béatrix, et qui vous arrête?

— Il y a, répondirent les assassins, que c'est une lâcheté que de tuer un pauvre vieillard qui dort. En pensant à son âge, la pitié nous a pris.

Alors Béatrix releva la tête avec dédain, et d'une voix sourde et profonde elle commença de les injurier ainsi :

— Donc, vous autres hommes, qui faites les braves et les forts, vous n'avez pas le courage de tuer un vieillard qui dort ! Que serait-ce donc alors s'il veillait ? Et c'est pour cela que vous nous volez de l'argent ! Or donc, puisque votre lâcheté m'y force, c'est moi qui tuerai mon père ; mais quant à vous, vous ne lui survivrez pas longtemps (1).

A ces paroles, les sbires eurent honte de leur faiblesse, et faisant signe qu'ils ac-

(1) « Voi adunque, o uomini, che fate li bravi e furibondi, non avete coraggio di amazzare uno chi dorme ; ben poro ardireste amazzarlo quando vegliasse ; ed in questo modo si pigliano li danari ! orsù giacchè è codardia la vostra, io stessa ucciderò il padre, ma voi non camperete molto ! »

compliraient l'œuvre convenue, ils entrèrent dans la chambre accompagnés des
deux femmes. En effet, un rayon de lune
entrait par la fenêtre ouverte, et éclairait
la figure calme du vieillard, dont les cheveux blancs avaient fait reculer les assassins.

Cette fois ils furent sans pitié. L'un d'eux
tenait deux grands clous pareils à ceux qui
durent servir à la passion du Christ, et
l'autre un marteau : celui qui tenait les
clous en posa un verticalement sur l'œil
du vieillard ; celui qui tenait le marteau
frappa et le clou s'enfonça dans la tête Ils
lui firent entrer de même le second clou

dans la gorge ; de sorte que cette pauvre âme, chargée de tant de crimes pendant sa vie, sortit ainsi violemment et de force du corps qui se débattait sur la terre où il avait roulé.

Alors la jeune fille, fidèle à sa parole, remit aux sbires une grosse bourse qui contenait le reste de la somme convenue, et les congédia.

Aussitôt qu'elles furent seules, les deux femmes arrachèrent les clous des blessures, et, enveloppant le cadavre d'un drap, elles le traînèrent par les chambres, afin de le conduire à une petite terrasse d'où elles avaient l'intention de le précipiter dans un jardin inculte. Elles comptaient ainsi faire croire que le vieillard s'était tué seul en se rendant de nuit à un cabinet situé à l'extrémité de la galerie. Arrivées au seuil de la dernière chambre, la force leur manqua ; alors, comme elles se reposaient un instant, Lucrezia aperçut les deux sbires, qui ne s'étaient point encore retirés et partageaient l'or. Elle les appela pour qu'ils vinssent les aider : ils obéirent, transportèrent le corps sur la terrasse, et à un endroit que leur indiquèrent Béatrix et Lucrezia, ils le précipitèrent sur un sureau, dans les branches duquel il s'arrêta.

Tout se passa comme l'avaient prévu Béatrix et sa belle-mère, et le matin, lorsqu'on trouva le cadavre arrêté encore dans les branches du sureau, chacun crut que le pied ayant manqué à Francesco sur cette terrasse, où il n'y avait pas de parapet, il était tombé et s'était tué ainsi. Il en résulta qu'au milieu des mille déchirures dont le corps était couvert, on ne fit aucune attention aux blessures faites par les deux clous. Les femmes, de leur côté, au moment où elles apprirent cette nouvelle, sortirent en jetant de grands cris et en versant beaucoup de larmes ; de sorte que si quelqu'un avait pu concevoir le moindre soupçon, une douleur si vraie et si profonde l'eût à l'instant même dissipé : aussi personne n'en conçut, excepté la blanchisseuse du château, à laquelle Béatrix donna à laver le drap qui avait enveloppé son père, lui disant que cette grande quantité de sang qui le tachait venait d'une perte qu'elle avait éprouvée pendant la nuit. La blanchisseuse la crut ou feignit de la croire ; néanmoins dans le moment elle ne dit point un mot de cette circonstance ; de sorte que, les funérailles accomplies, les deux femmes retournèrent sans empêchement à Rome, où elles se promettaient enfin une existence plus tranquille.

Pendant qu'elles y vivaient sans inquié-

tude, mais peut-être point sans remords,
la justice de Dieu, à son tour, commençait
son œuvre. En effet, la cour de Naples
avait appris la mort subite et inattendue
de Francesco Cenci, et ayant conçu quelques soupçons que cette mort n'était point
naturelle, elle avait envoyé un commissaire royal à Petrella, pour faire exhumer
le cadavre, et rechercher sur lui les traces
de l'assassinat, si effectivement l'assassinat avait eu lieu. Aussitôt l'arrivée de
ce commissaire, tous les habitants du
château furent arrêtés, et conduits enchaî-
nés à Naples. Mais aucun indice ne fut
trouvé, si ce n'est la déposition de la
blanchisseuse, qui déclara que Béatrix lui

avait donné à laver un drap taché de
sang. Cependant cet indice fut terrible ;
car interrogée si, dans son âme et conscience, elle croyait que ce sang vînt de
la cause qu'avait dite Béatrix, elle répondit qu'elle ne le croyait pas, attendu que
les taches lui avaient paru trop vives et
trop rouges pour cela.

Cette déposition fut envoyée à la cour
de Rome ; mais sans doute elle ne parut
point suffisante pour entraîner l'arrestation de la famille Cenci. Plusieurs mois
s'écoulèrent donc encore sans qu'elle fût
inquiétée, et pendant lesquels le plus jeune
des fils mourut. Des cinq frères, il n'en

resta donc plus que deux, Jacques, qui était l'aîné, et Bernard qui était le pénultième. Pendant ce temps, certes, ils eussent pu se sauver et gagner Venise ou Florence; mais ils n'en eurent pas même l'idée et restèrent à Rome attendant les événements.

Cependant monsignor Guerra apprit que, pendant les jours qui avaient précédé la mort de Francesco, Marzio et Olympio avaient été remarqués rôdant autour de la forteresse, si bien que la police de Naples avait donné ordre de les arrêter.

Monsignor Guerra était un homme de précaution, et qu'il était difficile de prendre en défaut lorsqu'il était prévenu à temps. Il fit venir deux autres sbires, qu'il chargea d'assassiner Marzio et Olympio. Celui qui était chargé d'Olympio le joignit à Terni, et le poignarda consciencieusement, comme il s'y était engagé; mais celui qui devait dépêcher Marzio arriva malheureusement trop tard à Naples; depuis la veille l'assassin était entre les mains de la justice.

Appliqué à la question, Marzio avoua tout.

Sa déposition fut à son tour envoyée à
Rome, où il devait la suivre de près pour
être confronté avec ceux qu'elle accusait.
En même temps, Jacques, Bernard, Lucrezia et Béatrix furent décrétés d'arrestation ; leur prison fut d'abord le palais de
leur père, où l'on mit une forte garde de
sbires. Mais bientôt les indices devenant
de plus en plus graves, ils furent conduits
dans le château de Corte Savella : là ils
furent confrontés avec Marzio ; mais ils
nièrent obstinément, non-seulement leur
participation au crime, mais encore qu'ils
connussent l'assassin ; Béatrix surtout
marqua la plus grande assurance, demandant la première à être mise en face de

Marzio, et là elle affirma avec tant de dignité et de calme que le dénonciateur mentait, que celui-ci, la retrouvant plus belle que jamais, résolut, puisqu'il ne pouvait vivre pour elle, de la sauver en mourant. En effet, il dit que ce qu'il avait avancé jusque-là n'était que mensonge, et qu'il en demandait pardon à Dieu ainsi qu'à Béatrix : ni menaces ni tortures ne purent dès lors lui faire dire autre chose, et il mourut bouche close au milieu des tourments. Les Cenci se croyaient sauvés.

Mais Dieu, dans sa volonté céleste, avait décidé qu'il en serait autrement. Le sbire qui avait tué Olympio fut, sur ces

entrefaites, arrêté pour un autre crime.
Comme il n'avait aucune raison de cacher
les uns plus que les autres, il avoua qu'il
avait été chargé par monsignor Guerra de
le débarrasser de quelques inquiétudes
qu'il avait à l'endroit d'un assassin nommé
Olympio.

Heureusement, monsignor Guerra apprit la chose à temps : alors, comme c'é-
tait un homme admirablement habile, il
ne se laissa point intimider ni abattre
comme eût fait tout autre à sa place ; et
comme au moment où cette nouvelle lui
fut transmise, il avait justement chez lui
le charbonnier qui approvisionnait sa mai-

son , il le fit entrer dans son cabinet , commença par lui donner une forte somme d'argent pour acheter son silence, puis, lui payant en outre au poids de l'or les vieux et salles vêtements dont il était couvert, il coupa ses beaux cheveux blonds dont il avait un si grand soin , teignit sa barbe , se barbouilla le visage , acheta deux ânes, qu'il chargea de charbon , et commença de parcourir les rues de Rome en boitant et en criant, la bouche pleine de pain noir et de ciboules : « Charbon, qui veut du charbon ? » Puis, tandis que toute la shirerie le cherchait dedans et dehors , il sortit de la ville, rencontra une troupe de condottieri , se mêla à eux et gagna Naples , où il

s'embarqua ; de sorte qu'on ne sut jamais
ce qu'il était devenu. Cependant quelques-
uns disent, mais sans aucune certitude,
qu'il gagna la France, où il s'engagea
et servit dans un régiment suisse que
Henri IV avait à sa solde.

Les aveux du sbire et la disparition de
monsignor Guerra ne laissaient plus de
doute sur la culpabilité des Cenci. Ils
furent en conséquence transportés du
château à la prison ; les deux frères, mis
à la torture, n'eurent point la force de résister, et se reconnurent coupables. Lucrezia Petroni surtout était si grasse qu'elle
ne put supporter la question de la corde,

et qu'à peine fut-elle soulevée de terre qu'elle demanda qu'on la descendît, et qu'elle avoua tout ce qu'elle savait.

Quant à Béatrix, elle resta impassible ; ni les promesses, ni les menaces, ni la question, ne purent rien sur cette vivace et robuste organisation ; elle supporta tout avec un courage parfait, et le juge Ulysse Moscati, si renommé qu'il fût en pareille affaire, ne lui tira point de la bouche un seul mot qu'elle n'avait voulu dire. Il référa de tout à Clément VIII, n'osant prendre aucune responsabilité dans une si terrible affaire ; alors le pape, craignant que, séduit par la beauté de la coupable

qu'il était chargé d'interroger, Ulysse
Moscati n'eût mis de la faiblesse dans l'application de la torture, lui tira la cause
des mains et en chargea un autre instruc-
teur connu pour son inflexible rigidité.

Celui-ci recommença toute la procédure
relative à Béatrix, repassa sur chaque interrogatoire, et, s'étant aperçu que Béatrix n'avait été soumise qu'à la question
ordinaire, il ordonna qu'elle serait appliquée à la question ordinaire et extraordinaire. Cette question était, comme nous
l'avons dit, celle de la corde, l'une des
plus terribles de toutes celles que l'homme
si ingénieux en tortures ait inventées.

Mais comme ces quatres mots : *question de la corde*, ne présentent pas à nos lecteurs une idée bien nette du genre de supplice qu'ils désignent, nous allons entrer dans quelques détails à ce sujet, puis nous donnerons un procès-verbal copié dans les pièces du procès qui sont au Vatican.

Il y avait à Rome plusieurs sortes de questions en usage : les plus usitées étaient la question des sifflets, la question du feu, la question de la veille et la question de la corde (1).

(1) Farinacci, *de Suppliciis.*

La question des sifflets, la plus douce de toutes, ne s'employait qu'à l'égard des enfants et des vieillards : elle consistait à introduire entre la chair et les ongles du patient des roseaux taillés en sifflets.

La question du feu, qui était fréquemment employée avant qu'on eût trouvé celle de la veille, s'appliquait en approchant les pieds du coupable d'un grand feu, à peu près comme faisaient nos chauffeurs.

La question de la veille, dont Marsilius est l'inventeur, consistait à faire asseoir

l'accusé sur un chevalet haut de cinq pieds
et taillé en angle; le patient était nu et
avait les bras attachés par derrière au
chevalet; deux hommes étaient assis à ses
côtés, qui se relevaient tous les cinq heures, et qui, aussitôt qu'il fermait les yeux,
l'empêchaient de dormir. Marsilius dit
qu'il n'a jamais vu un homme résister à
cette torture; mais Marsilius se vante.
Farinacci constate seulement que, sur
cent accusés appliqués à cette question,
il n'y en a que cinq qui n'ont pas avoué.
C'est déjà bien flatteur pour celui qui l'a
inventée.

Enfin la question de la corde, la plus

usitée de toutes, et qui était connue en France sous le nom de l'estrapade.

Cette dernière torture était divisée en trois degrés : la torture légère, la torture grave et la torture très grave.

Le premier degré, ou la torture légère, consistait dans la peur même de la torture : elle renfermait la menace de la torture, la conduite dans la chambre de la torture, enfin le déshabillement, et la ligature des cordes comme si l'on allait être appliqué à la torture. Outre la crainte qu'inspiraient ces préparatifs, on remarquera qu'il y avait déjà un commencement de douleur dans la compression des poignets. Ce premier degré suffisait quelquefois pour faire avouer leur crime aux femmes et aux hommes à cœur faible.

Le second degré, ou la torture grave, consistait, lorsque le patient était déshabillé et attaché par les poignets, les mains derrière le dos, à passer la corde dans un anneau scellé à la voûte et à rattacher cette corde à une manivelle, au moyen de laquelle on pouvait, à volonté, lever ou baisser le patient, et cela doucement, ou par secousses, à la volonté du juge. Cette

opération terminée, on lui faisait quitter
la terre, pendant le temps d'un *Pater noster*, d'un *Ave Maria* ou d'un *Miserere*; s'il
continuait de nier, on doublait sa sus-
pension. Ce second degré de torture, auquel finissait la question ordinaire, s'appliquait lorsque le crime était probable,
mais sans être prouvé.

Le troisième degré, ou la torture très-
grave, auquel commençait la question extraordinaire, s'appelait ainsi lorsque le
patient, après avoir été suspendu par les
poignets pendant un quart-d'heure, une
demi-heure, trois quarts-d'heure, ou

même une heure entière, était mis en branle par le bourreau, soit à la manière du battant d'une cloche, soit en le laissant tomber de haut en bas et en l'arrêtant tout à coup à quelque distance de terre ; s'il résistait à cette question, ce qui était presque inouï, en ce qu'elle coupait les poignets jusqu'aux os et disloquait les membres, on ajoutait des poids au pieds, ce qui, doublant la pesanteur, doublait la torture. Cette dernière question n'était appliquée que lorsque le crime était non-seulement prouvé, mais encore atroce, et qu'il avait été commis sur une personne sacrée, comme un père, un cardinal, un grand prince ou un savant.

On a vu que Béatrix avait été comdam-
née à la question ordinaire et extraordinaire ; on sait quelle était cette question ;
maintenant laissons parler le greffier.

« Et comme pendant tout l'interrogatoire elle n'avait rien voulu avouer, la
fîmes prendre par deux sbires, qui la
conduisirent de la prison à la chambre de
la torture, où l'attendait le questionneur ;
et là, après lui avoir rasé les cheveux, le
questionneur la fit asseoir sur la petite
sellette, la déshabilla, la déchaussa, lui
lia les mains derrière le dos, les attacha
à un câble passé par une poulie scellée au

faîte de ladite chambre et revenant s'attacher par le bas à un rouet tournant à la
force de deux hommes, et avec quatre
bâtons.

« Et avant que de la faire tirer, l'interrogeâmes de nouveau sur ledit parricide; mais, malgré les aveux de son frère
et de sa belle-mère, qui lui furent de
nouveau représentés, signé d'eux, elle
nia constamment, en disant : « Faites-
moi tirer et faire ce que vous voudrez; je
vous ai dit la vérité et ne vous dirai rien
autre chose, quand je devrais être dé-
membrée. »

« En raison de quoi, la fîmes tirer, ayant, comme nous avons dit, les mains liées audit câble, jusqu'à la hauteur de deux pieds ou environ, et l'ayant laissée ainsi pendant tout le temps que nous mîmes à réciter un *Pater noster*, nous l'interrogeâmes de nouveau sur les faits et circonstances dudit parricide; mais elle ne voulut dire autre chose que ce qu'elle avait déjà dit, ni répondre autres paroles que celle-ci: « Vous me tuez! vous me tuez! »

« Nous la fîmes monter plus haut, et jusqu'à la hauteur de quatre pieds, et commençâmes un *Ave Maria*. Mais, à moitié de notre prière , elle feignit de s'évanouir.

« Nous lui fîmes jeter un seau d'eau sur la tête : en sentant la fraîcheur elle revint à elle et s'écria : « Mon Dieu ! je suis morte ! Vous me tuez ! mon Dieu ! » mais sans vouloir aucunement répondre autre chose.

« Nous la fîmes monter plus haut, et dîmes un *Miserere*, pendant lequel au lieu de se réunir à nous par la prière, elle se remua et s'écria, disant plusieurs fois : « Mon Dieu ! mon Dieu ! »

« Et derechef interrogée sur ledit parricide, ne voulut rien autre chose avouer,
sinon qu'elle était innocente, et à l'instant
s'évanouit.

« Nous lui fîmes encore jeter de l'eau ;
alors elle revint à elle, ouvrit les yeux, et
s'écria : « O bourreaux maudits ! vous me
tuez ! vous me tuez ! » mais sans vouloir
dire autre chose.

« Ce que voyant et qu'elle persistait
dans ses dénégations, nous ordonnâmes
au questionneur de passer à la secousse.

« En conséquence, le questionneur la souleva jusqu'à la hauteur de dix pieds, et là nous l'interpellâmes de nous dire la vérité ; mais, soit qu'elle eût perdu la parole, soit qu'elle ne voulût plus parler, elle répondit seulement par un geste de la tête signifiant qu'elle ne voulait ou ne pouvait rien dire.

« Ce que voyant, nous fîmes signe au bourreau de lâcher la corde, et elle retomba de tout son poids de la hauteur de dix pieds à la hauteur de deux pieds, et de la secousse ses bras se retournèrent à l'envers ; elle poussa un grand cri, et demeura comme pâmée.

« Nous lui fîmes jeter de l'au au visage ;
elle revint à elle, et s'écria encore une
fois : « Infâmes assassins, vous me tuez :
mais, dussiez-vous m'arracher les bras, je
ne vous dirai pas autre chose. »

« En conséquence, nous ordonnâmes
qu'il lui fût attaché aux pieds un poids de
cinquante livres. Mais en ce moment la
porte s'ouvrit, et plusieurs voix crièrent :
« Assez ! assez ! ne la faites pas souffrir
plus longtemps... »

Ces voix étaient celles de Jacques, de

Bernard Cenci et de Lucrezia Petroni. Les juges, ayant vu l'obstination de Béatrix, avaient ordonné la confrontation des accusés, qui ne s'étaient pas trouvés ensemble depuis cinq mois.

Ils s'avancèrent alors dans la chambre de la question, et voyant Béatrix suspendue, les bras luxés et toute couverte du sang qui coulait de ses poignets :

— Le péché est commis, lui cria Jacques, maintenant il faut faire pénitence pour sauver l'âme, supporter de bon cœur la mort, et ne point te laisser torturer ainsi.

Alors, secouant la tête comme pour écarter la douleur :

— Donc, dit Béatrix, vous voulez mourir ! Puisque vous voulez que cela soit ainsi, que cela soit donc.

Puis se tournant vers les sbires :

— Déliez-moi, ajouta-t-elle ; lisez-moi l'interrogatoire, et ce que je dois approuver, je l'approuverai ; ce que je dois nier, je le nierai (1).

(1) « Foi gli fece venire avanti la matrigna, ed i fratelli mentre stava legata alla corda. Perciò il signore Giacomo giunto insieme con la matrigna innanzi alla

Alors Béatrix fut descendue et déliée ; un barbier *lui rhabilla les bras en la manière accoutumée ;* on lui lut l'interrogatoire, ainsi qu'elle le demandait, et ainsi qu'elle l'avait promis, elle avoua tout.

A la suite de ces aveux, sur la demande des deux frères, ils furent réunis tous dans la même prison ; mais le lendemain

sorella gli disse : « Bisogna ridursi a far penitenza per salvarsi l'anima, e sopportare di buon cuore la morte della giustizia, e non lasciarsi ostinatamente straziare. » A questo rispose la giovane : « Dunque volete morire? ma in questo fate un errore; ma perchè volete così, così sia! » E voltandosi alli sbirri disse : « Dunque scioglietemi, e mi sia letto l'esame, e quello che dovrò approvare approverò, e quello che dovrò negare negarò. »

Jacques et Bernard furent conduits dans les cachots de Tordinona ; quant aux deux femmes, elles restèrent où elles étaient.

Le pape, à la lecture des aveux qui contenaient tous les détails du crime, fut saisi d'une si grande horreur, qu'il ordonna que les coupables fussent traînés dans les rues de Rome à la queue de chevaux indomptés. Mais une sentence si terrible révolta tout le monde ; si bien que plusieurs grands personnages, cardinaux ou princes, allèrent humblement se mettre à genoux devant le saint père, le suppliant avec obstination de révoquer son arrêt, ou de permettre du moins aux condamnés de présenter leur défense.

— Et eux, répondit Clément VIII, ont-ils donné à leur malheureux père le temps de présenter la sienne, lorsqu'ils l'ont tué ignominieusement et sans miséricorde ?

Enfin, vaincu par tant de prières, il accorda trois jours.

Aussitôt, s'emparant de cette cause si émouvante, les meilleurs et les plus grands avocats de Rome se mirent à écrire des mémoires et des conseils, et, le jour fixé

pour la cause, comparurent devant Sa
Sainteté.

Le premier qui parla fut Nicolas des
Anges, et dès son exorde il mit dans ses
paroles une telle éloquence, que l'on comprit, au frémissement de l'assemblée, l'intérêt qu'elle prenait aux coupables. Alors
le pape, effrayé d'un tel effet, l'arrêta tout
à coup.

— Donc, dit-il avec une voix pleine
d'indignation, il se trouvera parmi la no-
blesse des gens qui tueront leur père, et il
se trouvera parmi les avocats des hommes

qui les défendront! C'est ce que nous n'aurions jamais cru, c'est ce que nous n'aurions même jamais supposé!

A cette terrible admonestation du pape, tous se turent, excepté Farinacci, qui, prenant courage à la pensée du mandat sacré dont il était chargé, répondit avec respect mais avec fermeté :

— Très saint père, nous ne sommes pas venus ici pour défendre les criminels, mais pour sauver les innocents ; car si nous parvenons à prouver que quelques-uns des accusés ont agi dans le cas de légitime défense, j'espère que ceux-là seront excusables aux yeux de Votre Sainteté : car, de même qu'il y a des cas prévus dans lesquels le père peut tuer l'enfant, il en est aussi dans lesquels l'enfant peut tuer le père (1). En conséquence, nous parlerons quand il plaira à Votre Sainteté de nous laisser parler.

(1) Les cas prévus par les lois romaines dans lesquelles le père peut tuer l'enfant sont au nombre de treize :

Le premier. Si le fils a porté la main sur son père.

Le second. Si le fils a fait une injure atroce à son père.

Le troisième. Si le fils a accusé son père d'un crime capital, excepté le crime de lèse-majesté ou de trahison contre sa patrie.

Le quatrième. Si le fils s'associe avec des gens de mauvaises mœurs.

Clément VIII alors se montra aussi patient qu'il avait été emporté, et il écouta

Le cinquième. Si le fils a dressé des embûches à la vie de son père.

Le sixième. Si le fils a commis un inceste avec la femme en secondes noces ou avec la concubine de son père.

Le septième. Si le fils a refusé de cautionner son père lorsque ce dernier a été emprisonné pour dettes.

Le huitième. Si le fils a empêché, par force ou par violence, son père de tester.

Le neuvième. Si le fils s'est associé, contre la volonté de son père, avec des gladiateurs ou des comédiens.

Le dixième. Si la fille, ayant refusé de se marier, a mené une vie déréglée.

Le onzième. Si les enfants ont refusé des soins à leur père malade.

Le douzième. Si les enfants négligent de racheter leur père ou leur mère captifs chez les infidèles.

Enfin le treizième. Si le fils a abjuré la religion catholique.

le plaidoyer de Farinacci, qui reposait surtout sur ce que Francesco Cenci avait
cessé d'être père du jour où il avait fait
violence à sa fille (1). Il invoqua comme
preuve de cette violence le mémoire
envoyé par Béatrix à Sa Sainteté, par
lequel elle le suppliait, comme avait fait sa
sœur, de la tirer de la maison paternelle
et de la mettre dans un couvent. Malheureusement, comme nous l'avons dit, ce
mémoire avait disparu, et l'on avait eu
beau faire les recherches les plus minu-
tieuses à la secrétairerie, on n'avait pu en
retrouver aucune trace.

(1) Voir ce plaidoyer dans les OEuvres de Farinacci.
— *Consilium* 66, page 396.

Le pape se fit remettre toutes les écritures et congédia les avocats, qui se retirèrent aussitôt à l'exception d'Altieri qui, étant resté le dernier, alla s'agenouiller aux pieds du pape, lui disant :

— Très-saint père, je ne pouvais faire autrement que de comparaître devant Votre Sainteté dans cette cause, étant l'avocat des pauvres ; mais je vous en demande humblement pardon.

Le pape le releva avec bonté, et lui dit :

— Allez, nous ne nous étonnons pas de

vous, mais des autres, qui les protègent et
les défendent.

Et comme le pape avait à cœur cette
cause, il ne voulut point dormir de toute
la nuit, et se mit à l'étudier avec le cardinal de San Marcello, homme très-intelli-
gent et très-expérimenté en cette matière ;
puis, son résumé fait, il le communiqua
aux avocats, qui en demeurèrent satisfaits,
et qui commencèrent à espérer qu'il serait fait aux condamnés grâce de la vie ;
car, d'après toutes les informations, il était
prouvé que, si les enfants s'étaient levés
contre leur père, du moins tous les torts

et tous les outrages venaient de lui, et
que ces torts et ces outrages étaient
tels surtout vis-à-vis de Béatrix, qu'elle
avait en quelque sorte été tirée par les
cheveux jusqu'à cet énorme crime par la
tyrannie, la scélératesse et la brutalité de
son père. Ce fut donc sous l'empire de ce
retour à des sentiments de rémission que
le pape ordonna que les accusés fussent
de nouveau conduits au secret, et permit
qu'on leur laissât même entrevoir l'espérance de la vie.

Rome respirait, espérant comme cette
malheureuse famille, et joyeuse comme si

cette grâce privée était une grâce publique, lorsque les bonnes intentions du pape
s'évanouirent à la nouvelle d'un nouveau
crime : la marquise de Santa Croce venait
d'être tuée, à l'âge de soixante ans, par
Paul de Santa Croce, son fils ; et cela atro-
cement, de quinze à vingt coups de poignard, parce qu'elle ne voulait pas lui
promettre de le faire son seul héritier. Le
coupable avait pris la fuite.

Clément **VIII** s'épouvanta en voyant se
dresser devant lui ces deux crimes presque
jumeaux ; cependant il était forcé, pour
le moment, de se transporter à Monte

Cavallo, où, dans la matinée suivante, il devait consacrer un cardinal comme titulaire de Sainte-Marie des Anges. Mais dès le lendemain, qui était le vendredi 10 septembre 1599, il fit venir vers huit heures du matin monseigneur Taverna, gouverneur de Rome, et lui dit :

— Monseigneur, nous vous remettons la cause des Cenci entre les mains, afin qu'il en soit fait par vous bonne justice, et cela le plus tôt possible.

Monseignéur Taverna quitta aussitôt Sa Sainteté, et étant rentré dans son palais, il convoqua une réunion de tous les juges criminels de la ville, réunion dans laquelle les Cenci furent condamnés à la peine de mort.

La sentence définitive fut aussitôt connue ; et comme cette malheureuse famille inspirait un intérêt toujours croissant, beaucoup de cardinaux coururent toute la nuit, soit à cheval, soit en carrosse, pour obtenir qu'au moins l'arrêt fût exécuté secrètement et dans la prison pour les femmes, et qu'il y eût grâce accordée à Bernardino, pauvre enfant de quinze ans, qui, n'ayant pris aucune part au crime, se trouvait cependant enveloppé dans la condamnation. Et celui qui se donna le plus de peine et de travail pour cette cause fut le cardinal Sforza qui, cependant, ne put rien tirer de Sa Sainteté, pas même une vague espérance. Farinacci, seul, en faisant naître un scrupule de conscience, parvint à obtenir du pape que Bernardino aurait la vie sauve, et cela seulement le samedi matin, après de longues et instantes prières.

Mais déjà, dès la veille, les congrégations des confortieri s'étaient rendues aux deux prisons de Corte Savella et de Tordinona. Cependant, comme les préparatifs de cet immense drame, qui devait se dénouer sur le pont Saint-Ange, avaient pris toute la nuit, ce ne fut que vers cinq heures du matin que le greffier entra chez Béatrix et Lucrezia Petroni pour leur lire leur sentence.

Toutes deux dormaient, sans se douter de ce qui s'était passé depuis trois jours. Le greffier les réveilla, pour leur dire que, jugées par les hommes, il fallait qu'elles se préparassent à paraître devant Dieu.

Béatrix fut d'abord écrasée du coup : elle ne trouvait ni paroles pour se plaindre, ni habits pour se vêtir, et se leva de son

nue et chancelante comme si elle eût été
ivre ; bientôt, cependant, la parole lui revint et s'échappa par des cris et des hurle-
ments. Lucrezia écouta cette nouvelle avec
plus de force et de constance, et commença de s'habiller pour se rendre à la chapelle, exhortant Béatrix à la résignation ;
mais celle-ci, toujours comme insensée,
allait se tordant les bras et se frappant la
tête contre la muraille, s'éériant seulement : « Mourir ! mourir ! qu'il faille mourir ainsi à l'imprévu, sur un échafaud !
sur un gibet ! Mon Dieu ! mon Dieu ! »
Cette crise alla croissant jusqu'à un pa-
roxisme terrible, après lequel le corps
ayant perdu toute sa force, l'âme reprit la

sienne; dès ce moment elle fut un ange
d'humilité et un miroir de constance.

Ses premières paroles furent pour demander un notaire qui fît son testament.
Cette demande lui fut aussitôt accordée;
et dès que l'homme de loi fut arrivé, voulant en finir d'un seul coup avec la terre,
elle lui en dicta les conditions avec beaucoup de calme et de régularité. Elle ter-
mina ce testament en demandant que son
corps fût déposé dans l'église de Saint-
Pierre-in-Montorio, que l'on voyait du palais de son père, et à laquelle elle avait une
dévotion toute particulière. Elle laissa cinq

cents écus aux religieuses des Stigmates, et ordonna que de sa dot qui se fût montée à quinze mille écus, on mariât cinquante filles pauvres. Quant à la place où elle devait être enterrée, elle choisit le pied du maître-autel, sur lequel était le beau tableau de la Transfiguration qu'elle avait si souvent admiré pendant sa vie.

Lucrezia, édifiée par cet exemple, commença alors à son tour ses dispositions dernières : elle demanda que son corps fût porté dans l'église de Saint-Georges en Vélabre, avec trente-deux écus d'aumône, et plusieurs autres legs pieux. Ces soins su-

prêmes accomplis, les deux femmes se réunirent d'un seul cœur pour adorer Dieu,
et se mettant à genoux, commencèrent à
réciter les psaumes, les litanies et les
prières des agonisants.

Elles restèrent ainsi jusqu'à la huitième
heure de la nuit, où elles demandèrent la
confession et entendirent la messe, pendant laquelle elles communièrent; puis,
par ces saintes préparations, ramenée aux
plus humbles sentiments, Béatrix fit obser-
ver à sa belle-mère qu'il n'était point
convenable qu'elles parussent sur un échafaud avec des habits de fête : elle ordonna

donc deux vêtements, un pour la signora Lucrezia, l'autre pour elle-même, recommandant qu'ils fussent faits à la manière des religieuses, c'est-à-dire montants jusqu'au cou et plissés, avec des manches longues et larges. Celui de la signora Lucrezia était d'étoffe de coton noir, celui de Béatrix était de taffetas. Elle avait fait faire en outre un petit turban pour poser sur sa tête. Ces différents vêtements leur furent apportés avec des cordes pour se ceindre ; elles les firent alors poser près d'elles sur une chaise, et continuèrent de prier.

Le moment fixé étant venu, elles furent

averties que leur heure suprême était proche. Alors, Béatrix qui était encore à genoux, se levant avec un visage calme et
presque joyeux : « Madame ma mère, dit-
elle, voici l'instant où notre passion va
commencer ; je pense donc qu'il serait
temps de nous préparer, et de nous rendre
l'une à l'autre le dernier service de nous
habiller, comme nous en avions l'habitude. » Alors elles revêtirent les robes préparées, se ceignirent le corps avec les cordes, et Béatrix ayant posé son turban sur
sa tête, elles attendirent ainsi leur dernier
appel.

Pendant ce temps, on avait lu la sentence

à Jacques et à Bernard, et ils attendaient
de leur côté aussi le moment de la mort.
Vers les dix heures, la congrégation de la
Miséricorde, qui était florentine, arriva à
la prison de Tordinona, et s'arrêta sur le
seuil avec le saint crucifix, attendant les
pauvres jeunes gens. Là, il manqua d'arriver un malheur grave. Comme beaucoup
de personnes étaient aux fenêtres de la
prison pour en voir sortir les patients,
quelqu'un poussa un grand vase de fleurs
plein de terre, lequel tomba dans la rue et
manqua de tuer un des confrères, justement de ceux qui tenant à la main des torches allumées, marchaient devant le cruci-

fix. Ce vase passa si près de la flamme que le vent l'éteignit.

En ce moment, les portes s'ouvrirent, et Jacques parut le premier sur le seuil : il s'agenouilla aussitôt, adorant avec une grande dévotion le saint crucifix. Il était vêtu d'une large cape de deuil qui le couvrait entièrement, et sous laquelle il avait la poitrine nue ; car tout le long du chemin le bourreau le devait tenailler, avec des tenailles rouges, qui attendaient dans un réchaud fixé sur la charrette. Il monta dans la voiture, où le bourreau l'accommoda à sa manière et pour sa plus grande facilité. Alors Bernardino sortit à son tour, et au moment où il parut, le fiscal de Rome dit ces paroles à haute voix :

« Seigneur Bernard Cenci, au nom de notre bienheureux Rédempteur, notre saint père le pape vous fait grâce de la vie, se contentant d'ordonner que vous fassiez compagnie à tout votre sang jusqu'à l'échafaud et jusqu'à la mort, vous recommandant de ne point oublier de prier pour ceux avec qui vous deviez mourir. » A cette nouvelle inattendue, il se fit un grand murmure de joie dans la multitude, et les pénitents lui délièrent aussitôt la petite planche qu'il

avait devant les yeux ; car, à cause de la
faiblesse de son âge, on avait cru devoir
lui cacher la vue de l'échafaud.

Alors le bourreau, qui avait fini avec
Jacques, descendit pour prendre Bernard,
et, après s'être fait représenter la grâce, il
lui ôta les menottes, et l'ayant placé sur la
même charrette que son frère, il l'enveloppa d'un manteau magnifique tout frangé
d'or ; car le pauvre enfant avait déjà le cou
et les épaules nus, devant avoir la tête tran-
chée. Quelques-uns s'étonnaient de voir
entre les mains de l'exécuteur un si riche
manteau ; mais on leur dit que c'était le

même que Béatrix avait donné à Marzio pour le décider à l'assassinat de son père, et dont le bourreau avait hérité après l'exécution du meurtrier. La vue de tout ce monde fit une telle impression sur le petit Bernard, qu'il s'évanouit.

Les chants commencèrent, et la procession se mit en route, se dirigeant vers la prison de Corte Savella. Arrivé devant la porte, le saint crucifix s'arrêta pour attendre les femmes ; elles sortirent bientôt, se mirent à genoux sur le seuil, et firent à leur tour leur adoration ; puis le cortége se remit en marche.

Les deux femmes venaient après la dernière file des pénitents, marchant à pied
l'une après l'autre, ayant chacune la tête
couverte jusqu'à la ceinture, avec cette
différence que la signora Lucrezia, en sa
qualité de veuve, portait un voile noir et
avait des pantoufles de la même couleur,
à hauts talons, avec des touffes de rubans,
ainsi que c'était la mode de l'époque, tandis que Béatrix, comme jeune fille, avait
un béret de soie pareille à la soubreveste,
avec une panne brodée d'argent qui lui
tombait sur les épaules et recouvrait sa
soutanelle violette, des pantoufles blanches
à hauts talons; ornées de bouffettes d'or
et de franges cerise; en outre, toutes deux

avaient les bras libres et seulement attachés avec une corde lâche, afin que chacune pût porter un crucifix d'une main, et
de l'autre son mouchoir.

Dans la nuit du samedi, un grand échafaud avait été dressé sur la place du pont
Saint-Ange, et sur cet échafaud on voyait
préparés la planche et le billot. Au-dessus du
billot était suspendu, entre deux traverses,
un large fer, qui, glissant entre deux rainu-
res, descendait de tout son poids sur le
billot au moment où l'on détendait un
ressort.

Ce fut donc vers le pont Saint-Ange que

III.   18

s'achemina la procession. Lucrezia, qui était la plus faible des deux, pleurait amèrement; mais Béatrix avait le visage calme et ferme. Arrivées à la place du pont Saint-Ange, les femmes furent aussitôt conduites dans une chapelle, où l'on amena bientôt près d'elles Jacques et Bernard; ils y restèrent un instant réunis tous quatre; puis on vint chercher d'abord Jacques et Bernard pour les conduire sur l'échafaud, quoique l'un ne dût être exécuté que le dernier et que l'autre eût sa grâce. Mais en arrivant sur la plate-forme, Bernard s'évanouit une seconde fois; et comme le bourreau allait à lui pour lui porter secours, quelques-uns, croyant que c'était pour l'exécuter, crièrent à haute voix : « Il a sa grâce ! » Le bourreau les rassura en faisant asseoir Bernard près du billot. Jacques se mit à genoux de l'autre côté.

Alors le bourreau descendit, alla vers la chapelle et ramena d'abord la signora Lucrezia, qui devait être exécutée la première. Arrivée au pied de l'échafaud, il lui lia les mains derrière le dos, lui déchira le haut de son corsage afin de découvrir ses épaules, et lui fit faire sa réconciliation en l'invitant à baiser les plaies du Christ : cela fait, il la conduisit à l'échelle, qu'elle eut grand'peine à monter, étant fort gras-

se ; puis, aussitôt arrivée sur la plate-
forme, il lui arracha le voile qui lui couvrait la tête. Ce fut une grande honte pour
la signora Lucrezia d'être vue ainsi le
sein découvert, et regardant le billot, elle
eut un frémissement d'épaules qui fit fris-
sonner toute l'assemblée ; alors, les larmes
aux yeux et d'une voix élevée, elle dit :

« O mon Dieu, ayez pitié de moi ; et
vous, mes frères, priez pour mon âme. »

Puis, ces paroles dites, et comme elle ne
savait de quelle façon se placer, elle se

tourna vers Alexandre, le premier bourreau, et lui demanda ce qu'elle avait à
faire : il lui répondit d'enjamber la planche
et de s'étendre dessus : ce qu'elle fit avec
une grande peine et une grande honte ;
mais alors, comme elle ne pouvait, à cause
de son sein élevé, poser son cou sur le
billot, il fallut y ajouter un morceau de
bois pour le hausser ; pendant tout ce
temps, la pauvre femme attendait, souf-
frant plus encore de la honte que de la
crainte de la mort : enfin elle fut accom-
modée convenablement, le bourreau lâcha
le ressort, et la tête, détachée du tronc,
tomba sur l'échafaud, où elle fit deux ou
trois bonds, au grand frémissement de la

multitude ; enfin le bourreau la saisit et la montra au peuple ; puis, l'enveloppant d'un taffetas noir, il la posa avec le corps dans une bière au bas de l'échafaud.

Pendant qu'on remettait toutes les choses en place pour Béatrix, des gradins chargés de monde s'abîmèrent ; beaucoup furent tués par cet accident, et plus encore estropiés et blessés.

La machine arrangée et le sang lavé, le bourreau retourua dans la chapelle pour y prendre Béatrix, qui ayant aperçu d'abord le saint crucifix, dit quelques prières pour son âme, et voyant venir le bourreau avec des cordes à la main, s'écria : « Dieu veuille que tu lies ce corps pour la corruption, et que tu délies cette âme pour l'immortalité. » Alors, se relevant, elle sortit sur la place, où elle baisa dévotement les plaies du Christ, puis laissant ses pantoufles au bas de l'échafaud, elle monta lestement l'échelle, et comme elle avait pris d'avance ses informations, elle enjamba vivement la planche, s'ajustant avec le plus de promptitude possible la tête sur le billot, afin qu'on ne vît pas ses épaules nues. Mais quelques précautions qu'elle eût prises pour que la chose fût

promptement faite, il lui fallut attendre ;
car le pape connaissant son caractère emporté et craignant qu'elle ne commît
quelque péché entre l'absolution et la
mort, avait donné l'ordre qu'au moment
où Béatrix serait sur l'échafaud, on tirât
comme signal un coup de canon du château Saint-Ange ; ce qui fut fait au grand
étonnement de tout le monde, car personne
ne s'attendait à cette détonation, pas même
Béatrix, qui se leva presque debout : aussitôt le pape, qui était en prière à Monte
Cavallo, donna à Béatrix l'absolution *in
articulo mortis.* Cinq minutes se passèrent
donc encore à peu près, pendant lesquelles
la patiente attendit, le cou replacé sur le

billot; puis quand le bourreau crut l'absolution donnée, il lâcha le ressort, et le
couperet tomba.

Alors on vit un effet étrange; tandis que
la tête bondissait d'un côté, le corps se
recula, comme marchant en arrière : aussitôt le bourreau prit la tête et la montra
au peuple; puis il l'accommoda comme
il avait fait de l'autre, et voulut mettre le
corps de Béatrix avec celui de sa belle-
mère, mais les confrères de la Miséricorde
le lui prirent des mains, et comme l'un
d'eux voulait le placer dans la bière, il lui
échappa et tomba de l'échafaud à terre,

et dans cette chute tout le torse sortit de ses vêtements, de sorte qu'étant plein de poussière et de sang, il fallut perdre beaucoup de temps pour le laver : à cette vue, le pauvre Bernardino s'évanouit une troisième fois, et cela si profondément, qu'il fallut lui donner du vin pour le faire revenir.

Enfin arriva le tour de Jacques : il avait vu mourir sa mère et sa sœur, et ses habits étaient couverts de leur sang : le bourreau s'approcha de lui et lui arracha son manteau; alors on vit par toute sa poitrine les morsures des tenailles brûlantes; et il y en avait tant, que son corps en était couvert : aussitôt il se leva ainsi à moitié nu, et se tournant vers son frère :

« Bernard, lui dit-il, si dans mon interrogatoire je vous ai compromis et chargé, je l'ai fait faussement, et quoique j'aie déjà démenti cette déclaration, je répète au moment de paraître devant Dieu que vous êtes innocent, et que c'est une justice atroce, que celle qui vous a condamné à cet épouvantable spectacle. »

Alors le bourreau le fit mettre à genoux,

lui attacha les jambes à une des traverses qui s'élevaient sur l'échafaud, et lui ayant bandé les yeux, il lui brisa la tête d'un coup de masse : puis au même instant et en vue de tous il coupa son corps en quatre quartiers (1).

(1) Comme on pourrait croire que nous faisons de l'horreur à plaisir, nous rapportons ici la relation officielle ; le lecteur verra que nous l'avons plutôt adoucie qu'exagérée ; voici pour Lucrezia :

« Ed in ciò dire non sapendo come accommodarsi, domandò ad Alessandro primo boja, che cosa avea da fare ; onde gli disse, che cavalcasse la tavola del ceppo, e che sopra di quella si stendesse ; ma per essere troppo grassa e grossa, e per la vergogna durò fatiga assai, a mettere una gamba a cavallo a quella tavola, e non potendo aggiustare la testa sopra il ceppo per l'elevato petto che aveva, fu necessario di fare posare il collo sopra un altro legnetto, dove doveva cadere il colpo ; onde in accommodarsi, la povera signora, vi spese del tempo.

Aussitôt cette boucherie terminée, la compagnie se retira, emmenant Bernard,

assai, e perchè la tavola non era più larga di un palmo, con il muoversi sele strapparono tutte le zinne... »

Maintenant passons à Béatrix :

« Subito, che le fu spiccata la testa, alzò ella con tanta furia le gambe, che quasi rivoltò tutti i panni a rovescio, ed il busto si ritirò addietro più di un palmo. Fù indi levata la testa e mostrata al popolo e poi accommodata come l'altra, ed avendo i confrati legato il corpo sotto le braccia con una corda, lo calarono giù per farlo mettere intrò il cataletto con la matrigna; ma sfugitta ad uno la corda da mano diede il cadavero un gran stramazzione per terra, onde le saltarono fuori tutte le zinne per questa caduta, e cosi tutta impiastrata di sangue e polvere bisognò perdere gran tempo in lavarla... »

Vient ensuite Giacomo :

« Quindi fatto porre in ginocchioni, gli furono legate le gambe al tavolato del palco, e bendatoli gli occhi fù dal boja mazzolato, e squartato e subito morto » et comme il avait une forte fièvre, on le saigna et on le mit au lit.

Quant aux cadavres des deux femmes, ils furent accommodés chacun dans sa bière sous la statue de Saint-Paul, au pied du pont, avec quatre torches de cire blanche, qui brûlèrent jusqu'à quatre heures de l'après-midi; puis, enlevées alors avec les morceaux du corps de Jacques, elles furent portées à Saint-Jean Décollé; enfin, vers neuf heures du soir, le corps de la jeune fille, tout couvert de fleurs, revêtu des habits dans lesquels elle avait été exécutée, fut porté à Saint-Pierre-in-Montorio,

avec cinquante torches allumées , et accompagné des frères des Stigmates et de
tous les religieux franciscains de Rome ;
là elle fut , comme elle l'avait désiré , enterrée au pied du maître-autel.

Le même soir aussi , selon qu'elle l'a-
vait recommandé , la signora Lucrezia fut
portée de son côté dans l'église de Saint-
Georges en Vélabre.

Au reste , on peut dire que Rome tout
entière avait assisté à cette tragédie , et
que les carrosses , les chevaux , les gens à

pied et les charrettes étaient les uns sur
les autres : par malheur, ce jour fut si
chaud et si ardent, que beaucoup de personnes s'évanouirent, que beaucoup rentrèrent avec la fièvre, et que beaucoup
encore moururent pendant la nuit, pour
être restées au soleil pendant les trois heures que dura cette exécution.

Le mardi suivant, quatorze septembre,
à l'occasion de la fête de la Sainte-Croix,
la compagnie de Saint-Marcel, avec privi-
lége particulier du pape, délivra de prison
le pauvre Bernard Cenci, sous l'obliga-
tion de payer dans le courant de l'année,

deux mille cinq cents écus romains à la compagnie de la Très-sainte-Trinité du Pont-Sixte, ainsi que cela se trouve encore aujourd'hui consigné dans ses archives.

———

Maintenant, si, après avoir vu la tombe, vous voulez vous faire de celle qui y repose une idée plus positive que vous ne pourriez la prendre en un récit, allez visiter la galerie Barberini, vous y trouverez, avec cinq autres chefs-d'œuvre, le portrait de Béatrix fait par le Guide, les uns disent pendant la nuit qui précéda l'exécution, et les autres au moment où elle marchait au supplice ; c'est une délicieuse ¦ tête¦, coiffée d'un turban d'où retombe une draperie, avec de riches cheveux châtain clair, des yeux noirs où l'on croit voir encore la trace de larmes à peine essuyées, un nez parfait et une bouche d'enfant; quant au teint, qui était très-blanc, on en jugerait mal si l'on s'en rapportait au portrait, la peinture ayant poussé au rouge, et les chairs étant devenues couleur de brique; celle qu'elle représente paraît avoir de vingt à vingt-deux ans.

Près de ce portrait est celui de Lucrezia Petroni; on voit à la dimension de la tête qu'elle appartient à un corps plutôt petit que grand. C'est le type de la matrone romaine dans toute sa fierté, avec ses chairs colorées, ses belles lignes, son nez droit, ses sourcils noirs, et son regard à la fois impérieux et humide de volupté ; on y retrouve au milieu de ses joues rondes et potelées ces fossettes charmantes dont parle le chroniqueur, et qui faisaient qu'après sa mort elle semblait encore sourire, une bouche admirable, et des cheveux bouclés sur le front, qui, retombant le long des tempes, encadraient merveilleusement son visage.

Quant à Jacques et à Bernard, comme

il ne reste d'eux ni dessins ni peinture,
nous sommes forcés d'emprunter leurs
portraits au manuscrit où nous avons puisé
tous les détails de cette sanglante histoire;
les voici tels que les donne son auteur, té-
moin oculaire de la catastrophe où ils ont
joué un rôle.

Jacques était petit, avait la barbe et les
cheveux noirs, et pouvait être âgé de vingt-
six ans environ, bien fait de corps et fort
de sa personne.

Quant à Bernardino, le pauvre enfant

était tout le portrait de sa sœur, de telle façon que, lorsqu'on le vit paraître sur l'échafaud, avec ses longs cheveux et sa figure de jeune fille, beaucoup crurent d'abord que c'était Béatrix : il pouvait avoir quatorze ou quinze ans.

Dieu leur fasse paix !

FIN.

Sceaux, Impr. de E. Dépée.

www.ingramcontent.com/pod-product-compliance
Lightning Source LLC
Chambersburg PA
CBHW070232200326
41518CB00010B/1537